1

Chakran - Reiki - Drittes Auge
Hilfe zur Selbsthilfe

Texte zum Nachdenken, Erkennen, Verstehen,
Leben und Weitergeben

Heinz Duthel

Verlag www.bod.de
ISBN lautet 9783842377172

Mit dem Brahmanismus und Buddhismus, teilt der Autor die Erkenntnis der Nichtigkeit des Erdenglücks mit dem Ziel der Selbstvernichtung und Auslöschung der Spezies Mensch. Der Mensch dürfe sich nicht über Tiere und Pflanzen stellen. Das innerste Wesen aller Erscheinungen ist für den Menschen ein meist unbewusster selbst destruktiver Wille, sein Drang, sein Streben, sind Triebe, Macht, Anerkennung, Wünsche, Sehnsüchte ohne Erhaltungsziel.

Herstellung und Verlag:
BoD - Books on Demand, Norderstedt

Dukkha - Alles ist mit Leid und Unzufriedenheit verbunden
Anicca - Nichts ist von ewigem Bestand, alles ist dem Wandel unterworfen.
Anatta - Es existiert kein getrenntes Ich und keine ewige Seele. Auch die Dinge und Phänomene sind ohne eigentlichen Wesenskern.

"Geistige Gesetze existieren und es ist dabei gleichgültig, ob man an diese glauben kann oder nicht."

"Je stiller du bist, desto mehr kannst du hören."

"Was hinter uns liegt und was vor uns liegt, sind kleine Angelegenheiten verglichen mit dem, was in uns liegt."

"Glauben und Wissen verhalten sich wie die zwei Schalen einer Waage: in dem Maße, als die eine steigt, sinkt die andere."

"Was aus Liebe getan wird, geschieht immer jenseits von Gut und Böse."

"Wer der Meinung ist, dass man für Geld alles haben kann, gerät leicht in den Verdacht, dass er für Geld alles zu tun bereit ist."

"Eines Tages wird alles gut sein, das ist unsere Hoffnung. Heute ist alles in Ordnung, das ist unsere Illusion."

"Glauben und Wissen verhalten sich wie die zwei Schalen einer Waage: in dem Maße, als die eine steigt, sinkt die andere."

Die ursprünglich geheimgehaltene Chakrenlehre wurde durch die Veröffentlichungen des Briten Sir John Woodroffe (alias Arthur Avalon) dem Westen zugänglich gemacht und fand Eingang in die Theosophie und andere esoterisch-spirituelle Richtungen. Heute nimmt die Chakrenlehre eine nicht unwichtige Stelle in bestimmten Yogarichtungen zur Erweckung der Kundalini-Energie ein, im Neotantra und auch in alternativen Heilmethoden wie Reiki.

Die Chakren, Energiebahnen durch unseren Körper.

Informationen rund um die Lebensenergiebahnen. Wir wissen, dass unser Körper von Energiebahnen (den Meridianen) durchzogen sind. Diese Bahnen erhalten ihre Energie, die sie transportieren, durch die Energiezentren (die Chakren). Um uns wohl zu fühlen und unsere Mitte - unser Selbst - zu finden, ist es notwendig, dass die Lebensenergie ungehindert aufgenommen und verteilt werden kann.

Die Lichtwesen Talismane und Amulette aus dem Lichtkreis (bzw. die Lebensarbeit mit diesen), haben große Bedeutung im Bereich der Chakrenarbeit. Denn die Arbeit an uns selbst soll nach und nach helfen die Aspekte abzulegen, die unser "echt Sein" verdecken und jene Aspekte zu kultivieren die unser "echt Sein" ausmachen. Diese Arbeit an uns und das damit einhergehende "Schwächen schwächen und

Stärken stärken" wirkt sich auf unseren Energiehaushalt und somit auf die Chakren aus. Wir selbst denken das die Arbeit an den Chakren "von hinten rum", also über den Weg der Persönlichkeitsarbeit- und Entwicklunger Königsweg ist.

Wir aus dem Lichtkreis lassen uns bei diesem "Schwächen schwächen und Stärken stärken" begleiten. Begleiten von Lichtwesen. Jedes dieser Lichtwesen steht für gewisse Aspekte des Seins und hilft jene Aspekte zu verändern. Sind wir beim entsprechenden Aspekt (Thema) schon auf der Positivseite, dann wird beim Stärken geholfen. Sind wir auf der Negativseite wird uns beim Schwächen geholfen, um dann, wenn die Positivseite erreicht ist, weiter gestärkt zu werden.

Die Chakren, Energiebahnen durch unseren Körper. Informationen rund um die Lebensenergie Bahnen. Was sind "die Chakren"? Die Chakren sind feinstoffliche Energiewirbel im und außerhalb des Körpers. Sie sind organisch ebenso wenig wie die Seele vorhanden, aber dennoch in verschiedenen spirituellen Bereichen, wie dem Yoga, Meditation, Tantra, Reiki und in Heilsystemen wie TCM, Ayurveda etc. seit Jahrtausenden ihren Stellenwert haben. Selbst in ganz westlichen Körpertherapien wie Bioenergetik und der Alexander-Technik tauchen sie immer wieder auf.
Das Wissen um die Chakren, hat seinen Ursprung, wie alle anderen energetischen Grundkonzepte auch,

in den Schriften des "Goldenen Zeitalters", den Vedischen* Schriften und den Upanishaden**.

* Vedisch ist eine indogermanische Sprache und ein Vorgänger des Sanskrit
** Die Upanishaden sind eine Sammlung von philosophischen Schriften des Brahmanismus und sind Bestandteil des Veda (Sanskrit: Wissen).

Wichtige Nebenchakren
Neben den Hauptchakren, haben auch Hand und Fußchakren Bedeutung

Die sieben Hauptchakren wurden auf den vorgehenden Seiten ausführlich beschrieben, aber es gibt noch eine Vielzahl an Nebenchakren. Die wichtigsten, möchten wir dir hier noch vorstellen:

Die Handchakren

Die Hände spielen eine große Rolle bei unserem Umgang mit anderen Menschen. Durch Berührung können wir Anteil an einem Bewusstseinszustand eines anderen nehmen und von unserem eigenen abgeben. Wir können andere beispielsweise beruhigen und die Sorgen heilen. Stark entwickelte Menschen, können sogar Krankheiten durch das Auflegen der Hände lindern und heilen.

Alle sieben Hauptchakren, haben in Energiepunkten an den Händen ihre Entsprechung. Die

Chakrenenergien lassen sich daher durch sanfte Anregung der Handchakren harmonisieren. Diese liegen mitten auf den Handflächen und werden als blaugrüne Energiewirbel beschrieben. Über die Handchakren, treten heilende Kräfte nach außen. Die Handchakren stehen vor allem in Verbindung zur Aktivität des Herz-Chakras. Alles, was die Handchakren anregt, stimuliert auch die Energien des Herz-Chakras. Künstlerisches Arbeiten mit den Händen, wie Malen oder handwerkliches Tun, das Spielen eines Musikinstrumentes, Handarbeit, sogar Kochen tragen dazu bei, das Bewusstsein für Ihre Handchakren zu entwickeln.

Die Handchakren besitzen eine wesentliche Bedeutung beim Heilen. Beim energetischen Heilen ohnehin, da ein Heiler mit den Händen Energien spüren und leiten können muss. Sehr wichtig beim Heilen, ist jedoch auch die Beteiligung des Herzens. Heiler haben meist ein sehr entwickeltes Herzchakra und können somit ihre Klienten in deren Schmerz und in deren Problematik annehmen. So arbeiten sie nicht nur mit den Händen, sondern, da diese dem Herzchakra zugeordnet sind, eben auch mit diesem, wobei dessen willensstarke und empfangende Seite, sich in guter Harmonie befinden.

Die Fußchakren

Die Fußchakren, hängen eng mit dem Wurzelchakra zusammen. Die Füße sind unsere direkte Verbindung zur Erde. Über die Füße, haben wir einen ständigen

Energieaustausch mit der Erde. Die Füße sichern einen festen Stand im Leben. Sie beinhalten ein Spiegelbild aller Chakren des Körpers. Über die bekannte Fußreflexzonen-Massage können die einzelnen Chakren angeregt werden und somit Krankheiten in den mit dem Chakra verbundenen Körperregionen gelindert werden.

Nach der Chakrenlehre, bilden sich auf den Fußsohlen alle Hauptchakren ab und können daher durch die Behandlung der Füße harmonisiert werden. Dabei entspricht das Wurzelchakra dem unteren teil der Ferse, das Herzchakra etwa der Mitte der Fußsohle unterhalb der Ballen, das Kronenchakra dem oberen Teil der Zehen. Wie auch die Chakren der Hand, gehören die Fußchakren in der Chakrenlehre, den Nebenchakren an. Wir sind der Meinung, dass beide Chakrenarten genauso wichtig sind, wie die Hauptchakren. Die Fußchakren stehen vor allem mit dem Wurzelchakra in Zusammenhang. Wird die Energie in den Fußchakren angeregt und kann frei fließen, sind wir mit den ursprünglichen Kräften der Erde verwurzelt und stehen mit beiden Beinen fest im Leben. Ein gesundes Wurzel-Zentrum ist die Basis für eine gute Gesundheit und die Entwicklung der übrigen Chakren. Die Fußchakren werden als dunkelrote Lichtwirbel in der Mitte der Fußsohle beschrieben.

Dieses Wissen um die Chakren, wurde in verschiedenen Kulturen auf unterschiedliche Weise bewahrt und weitergegeben. Aus Indien und Tibet sind beispielsweise unterschiedliche Ansätze bekannt, die vor dem historischen, kulturellen und religiösen Hintergrund dieser Völker entstanden. Den Tibetern wird nachgesagt, dass sie das tiefste Wissen über die Chakren bewahrt haben und dieses auch lehren. Hierbei besteht das Problem, dass dieses Wissen nur mündlich und in der Ursprache weitergegeben wird.

In Europa ging mit der Christianisierung das, bis dahin überlieferte Chakrenwissen verloren. In den letzten Jahrhunderten der keltischen Kultur griffen Persönlichkeiten wie Johann Wolfgang von Goethe * und Rudolf Steiner ** das Thema Chakren wieder auf und belebten es neu. Mittlerweile kann man sich über Chakren in Büchern, Seminaren und Lehrgängen informieren.

*   Johann Wolfgang von Goethe (1749 - 1832) war Dichter, Theaterleiter, Naturwissenschaftler, und Kunsttheoretiker

**   Rudolf Steiner (1861 - 1925) war ein österreichischer Philosoph, Pädagoge, Naturwissenschaftler und Esoteriker. Er begründete die Anthroposophie.

Viele Spekulationen umranken das alte Wissen um die Existenz und Wirkungen der Energiezentren (Chakren) im menschlichen Körper. Tatsache ist aber, dass jeder Mensch sein eigenes Energiesystem besitzt. Eine Komponente dieses Energiesystems sind die Chakren.

Mit Chakra (Begriff stammt aus dem Sanskrit, wörtliche Übersetzung Rad, Diskus, Kreis), werden im tantrischen Hinduismus, im tantrisch-buddhistischen Vajrayana, im Yoga, in der Traditionellen Chinesischen Medizin (TCM) und in einigen esoterischen Lehren, die Verbindungsstellen zwischen dem Körper und dem Astralleib des Menschen bezeichnet. Alte indische und tibetische Texte sprechen von 72.000 bis 350.000 solcher Energiezentren.

Sieben der Chakren, werden als Hauptenergiezentren des Menschen angesehen und befinden sich entlang der Wirbelsäule bzw. senkrechten Mittelachse des Körpers. Diese Verbindungsstellen, stellt man sich als trichterförmig, mehrere Zentimeter über die Körperoberfläche hinausragend vor. Die Chakren sind nicht sichtbar. Von daher hat die Anerkennung ihrer Bedeutung eine Weile gedauert. Mittlerweile jedoch, haben sie in vielen Systemen, vorallem, wenn sie östlichen Ursprungs sind, einen festen Platz.

Die Chakren kann man sich als Energiewirbel vorstellen, welche die Aufgabe erfüllen, Energien von außen aufzunehmen und dem menschlichen Energiesystem zuzuführen. Sie dienen als Empfangsstation, Transformator und Verteiler der verschiedenartigsten Energieformen. Die Chakren, sind in der Lage aus dem feinstofflichen Körper des Menschen, der Natur und der Umgebung Lebensenergien aufzunehmen. Diese wird dann umgewandelt, sodass der physische Körper sich weiterentwickeln kann. Das kann vom Menschen dann unter anderem, als Gedanken, Gefühle oder physische Empfindungen wahrgenommen werden. Wie bereits erwähnt, zieht sich beim Menschen eine Energielinie, entlang der Wirbelsäule, welche die von den Chakren zugeführte Energie im Organismus verteilt. Entlang der Wirbelsäule sind die Chakren miteinander verbunden. Jedes Chakra versorgt einen bestimmten Bereich des Körpers mit Energie. Über Kanäle, werden diese Verbindungslinien hergestellt. Je nach Entwicklungs- und Bewusstseinszustand, sind diese Kanäle unterschiedlich ausgebildet. Von der Beschaffenheit dieser Kanäle hängt es ab, wieviel Lebensenergie in unseren Körper fließen kann. Je mehr Energie in uns fließt, umso frischer und lebendiger fühlen wir uns. Diese Kanäle können jedoch durch traumatische Ereignisse oder andere Situationen, blockiert werden. Die Folge ist, dass bestimmte Bereiche unseres Energiesystems, an einer Unterversorgung leiden.

Ohne die Funktion der Chakren, wäre unser Energiehaushalt in den einzelnen Körperregionen gestört und bei einer vollkommenen Aufgabe der Energiezentren nicht mehr lebensfähig. So passiert zum Beispiel beim Ableben folgendes: Der physische Körper sinkt seinen Energiepegel immer weiter herab. Dabei sind die Chakren jedoch noch wirksam. Es gibt einen Moment, in dem sich das Energielevel dreht. Es ist jener Moment, in dem der Körper endgültig den Befehl des Ablebens erhält. Dieser Befehl wird von einem Impuls im Gehirn gesendet.

Im Moment dieses Befehls, werden die Chakren wie, als würden sie durchschnitten werden, vom physischen Körper getrennt. Sie unterbrechen damit den Energiefluss und verkümmern. Sie haben ihre Mittlerfunktion erfüllt und werden für den Bestand der feinstofflichen Körper, welche sich dann je nach Bewusstsein des Verstorbenen neu formieren, nicht mehr benötigt. Ähnlich verhält es sich bei der Geburt. Am Anfang ist dieses eine einzige Verbindung, welche im Moment der ersten Zellteilung aktiviert wird. Sozusagen ein einziges großes Chakra, welches den Fötus im Mutterleib vollkommen einhüllt. Das Zentrum dieses Chakras, ist im Herzen. Im Laufe der Schwangerschaft, vergrößert sich dieses Zentrum und die weiteren Zentren bilden sich. Die Grundlage hierbei, bilden sieben Hauptzentren, die je nach Tradition unterschiedliche Bezeichnungen haben. Im Laufe der ersten sieben Jahre, aktivieren sie jedes Jahr ein weiteres Chakra. Dies bedeutet nicht, dass die anderen Chakren nicht aktiv sind. Es hat etwas mit ihrer Bewusstseinsentwicklung zu tun. So durchlaufen sie in den sieben Jahren die Chakren von unten nach oben, wobei immer eines besonders im Mittelpunkt steht.

Jedes der sieben Hauptchakren, steht für einen bestimmten Lebensbereich. Wenn alle Chakren einwandfrei und gleichmäßig arbeiten, fühlen wir uns gesund und zufrieden. Hierbei ist es wichtig, dass die Chakren in einem harmonischen

Schwingungsverhältnis zueinander stehen. Alle Chakren, sollen gleichmäßig weit geöffnet sein. Wenn nicht, treten Unter- bzw. Überfunktionen auf, die immer störend bzw. unangenehm sind. Hier ist eine Chakrenarbeit ein wichtiger Prozess. Die Aura und die Chakren, sind das materielle Spiegelbild unseres Bewusstseins bzw. unseres Unbewussten. Wir haben die Möglichkeit von beiden Seiten zu wirken und Veränderungen herbeizuführen. Chakrenarbeit, fördert unsere Lernprozesse und den nachfolgenden Bewusstwerdungsprozess.

Die Lichtkreis Erzengel-, aufgestiegenen Meister - Engelsymboltalismane eigenen sich hervorragend für die Chakren- und Auraarbeit. Sie werden bereits von vielen Energiearbeitern eingesetzt. Der Hauptaugenmerk liegt dabei auf der Persönlichkeitsarbeit und Entwicklung. Denn verändern sich Persönlichkeitsstrukturen dann wirkt sich das auch auf den Energiefluss aus und somit auf alle Chakren.

Wie beschrieben, gibt es sieben Hauptchakren, aber auch Nebenchakren. Diese sollen auf den folgenden Seiten beschrieben werden.

Die sieben Hauptchakren

Kronenchakra, Stirnchakra, Halschakra, Herzchakra,

Den Chakren werden unterschiedliche universelle Qualitäten des menschlichen Lebens zugeordnet. Aus diesen Qualitäten, lassen sich wiederum subjektiv positive und negative Ausdrucksformen ableiten.

Es werden im Allgemeinen sieben Hauptchakren unterschieden. Jedes Chakra schwingt in einer seiner Aufgabe entsprechenden Grundfarbe und steht mit bestimmten Organen und Körperbereichen in Verbindung. Die sieben Hauptchakren entsprechen darüber hinaus, den sieben Hauptdrüsen des endokrinen Systems (das Endokrine System ist die Gesamtheit aller hormonbildenden Organe und Zellen). Auch steuert jedes Chakra einen spezifischen Aspekt des menschlichen Verhaltens, der menschlichen Entwicklung und wird seinerseits davon geprägt. Die unteren Chakras, deren Energien langsamer schwingen, stehen mit den Grundbedürfnissen und Emotionen des Menschen in Verbindung. Die feineren Energien der oberen Chakras entsprechen den höheren geistigen und spirituellen Bestrebungen und Fähigkeiten des Menschen.

Die Chakren haben ihren Namensursprung im Sanskrit. Sie haben in der deutschen Übersetzung teils unterschiedliche Bezeichnungen erhalten. Um dir einen Überblick der gebräuchlichsten Bezeichnungen zu geben, haben wir diese in der folgenden Tabelle zusammengefasst. Dies soll dir die Zuordnung erleichtern, da du sie vielleicht unter dem einen oder anderen Namen kennst. Wir nutzen in unseren Texten die fett hervorgehobenen Namen.

Sanskrit   Deutsch
1 Muladhara
(Wurzelstütze) Wurzelchakra,   Basischakra,
Wurzelzentrum, Basiszentrum,

1. Chakra
2 Svadhisthana
(Süße, Liebliche)   Sakralchakra,   Sexualchakra,
Kreuz-Zentrum, Polaritätschakra, Sexualzentrum,

2.Chakra
3 Manipura
(Leuchtender Juwel)   Solarplexuschakra,
Nabelchakra, Nabelzentrum,
Milzchakra, Magenchakra,

3. Chakra
4 Anahata
(Unbeschädigte)   Herzchakra, Herzzentrum,

4. Chakra
5 Visuddha
(Reinigende)   Halschakra,   Kehlchakra,
Kommunikationszentrum,

5. Chakra
6 Ajña
(Wahrnehmende)   Stirnchakra,   Drittes   Auge,
Inneres Auge, Stirnzentrum,

6. Chakra
7 Sahasrara
(Tausendfache)   Kronenchakra, Scheitelchakra,
Scheitelzentrum,

7. Chakra

Das erste Chakra, das Wurzelchakra, befindet sich
zwischen Anus und Genitalien. Das zweite Chakra,
das Sakralchakra, befindet sich etwa eine Handbreit
unter dem Bauchnabel, das dritte Chakra, das
Solarplexuschakra,   liegt   direkt   über   dem
Sonnengeflecht, etwas in Höhe des Magens. Es ist
ein zentraler Knotenpunkt der Nervensysteme des
Körpers. Das vierte Chakra, ist das Herzchakra. Es
liegt in Höhe des Herzens. Das Fünfte ist das
Halschakra, das sechste das Stirnchakra, welches sich
zwischen den Augenbrauen befindet. Einige
Zentimeter über dem Scheitelpunkt des Kopfes sitzt
das Kronenchakra.
Die Öffnungen der Chakren, befinden sich jeweils an
der Vorder- und an der Rückseite des Körpers mit
Ausnahme des Wurzel- und des Kronenchakra,
welche nach unten bzw. oben geöffnet sind.
Den Chakren werden auch unterschiedliche
universelle Qualitäten des menschlichen Lebens
zugeordnet. Aus diesen Qualitäten, lassen sich

wiederum positive und negative Ausdrucksformen ableiten. Wie Wissen (steht für Kronenchakra), Wahrnehmung (Stirnchakra), Ausdruck (Halschakra), Beziehung, Liebe (Herzchakra), Wille, Macht (Solarplexuschakra), Sexualität, Gefühle (Sakralchakra) und Überleben, Instinkte (Wurzelchakra).

Mit Hilfe verschiedener Techniken (z.B.: Reiki, Kinesiologie, Schwingungsübertragung, Mudra), werden sie positiv beeinflusst, um eine Harmonie zwischen dem geistigen Leib, der "Lebensenergie" und dem körperlichen Leib herzustellen

1. Chakra, das Wurzelchakra
Muladhara, Wurzelchakra, Basischakra, Wurzelzentrum, Basiszentrum
Chakren Blume des Lebens
blume-des-lebens-energiebilder.de

1. Chakra, das Wurzelchakra / Muladhara-Chakra (Mula = Wurzel, adhara = Stütze)

Das Wurzelchakra ist das unterste Chakra und befindet sich auf der Höhe des Steißbeins. Es ist nach unten geöffnet und verbindet uns energetisch zur Erde. Es ist unsere Wurzel, heißt dementsprechend Wurzelchakra. Hier liegt die erste Bewusstseinsstufe des Menschen. Nach der Geburt erfährt der junge Mensch sich selbst zunächst als hilflos. Sein Bewusstsein ist Urvertrauen und Sicherheit. Dieses Chakra verbindet uns mit der physischen Welt, dem Irdischen. Eine Störung kann sich körperlich z.B. in Verstopfungen, Kreuzschmerzen oder durch Knochenerkrankungen äußern. Seelisch tritt sie in Form von existentiellen Ängsten oder einem Mangel an Vertrauen zu anderen auf.

Kurzübersicht - Informationen & Zuordnungen

In folgender Tabelle haben wir die wichtigsten Informationen und Zuordnungen, die dem Wurzelchakra entsprechen, für dich zusammengefasst:

Namen Muladhara , Wurzelchakra, Basischakra, Wurzel-Zentrum, Basiszentrum, 1. Chakra

Themen Ursprüngliche Lebenskraft; grundlegende Überlebensbedürfnisse des Menschen; körperliche Ebene der Sexualität; Urvertrauen; Verbundenheit mit der Erde; Beziehung zur materiellen Ebene des Lebens; Stabilität und Durchsetzungskraft.

Lage zwischen Anus und Genitalien

Energieaufnahme öffnet sich nach unten, nimmt Energie von unten auf

Körper-Zuordnung feste Bestandteile des Körpers, Knochen, Wirbelsäule, Zähne und Nägel Beeinflusst Darm, Prostata, Blut und Zellaufbau. Wirksam für die Erdverbundenheit, impulsgebend für alle sinnlichen Genüsse.

Sinnesfunktion Geruchssinn

Drüsen Nebennieren/Milz und vermutlich die Peyerschen Lymphfollikel

Hormone	Adrenalin, Noradrenalin, Aldosteron, Cortison
Steine	Achat, Blutjaspis, Granat, rote Koralle, Rubin, Granat, Hämatit, Onyx, Rhodonit, schwarzer Turmalin
Farben	Rot
Element	Erde
Aromen	Nelke, Rosmarin, Ingwer, Vetiver, Zypresse, Zeder
Bachblüten	Clematis, Sweet Chestnut, Rock Rose
Räucherstoffe	Dammar, Kampher, Weihrauch, Myrrhe, Zeder, Narde, Moschus, Sandelholz, Aloeholz, Eichenmoos, Vetiver, Patchouli, Nelke, Copal
Mantra	LAM
Symbol	Vierblättrige Lotusblüte
Lichtwesen	Aufgestiegene Meister: Lady Nada, Seraphis Bey, Christus, Pallas Athene, Sanat Kumara Erzengel: Uriel

Die persönlichen, wie auch die gesamten Bedürfnisse des Lebens und Überlebens auf Erden, fallen in den Wirkungsbereich des Wurzelchakras. Z.B. Sicherheit, Überleben, Vertrauen, die Beziehung zu Geld, zuhause, Beruf. Die Fähigkeit, geerdet zu sein und im hier und jetzt präsent zu sein. Das Wurzelchakra erstrebt ebenfalls die Verbindung der Person zu seiner Mutter und zur Mutter Erde.

Ist das Wurzelchakra geöffnet, sind harmonische Funktionen, wie tiefe, persönliche Verbundenheit mit der Erde und ihren Bewohnern, ungetrübte

Lebenskraft, Zufriedenheit, Stabilität und innere Stärke ein Zeichen dafür.

Disharmonische Funktionen in den Teilen des Körpers, die von diesem Chakra kontrolliert werden, weisen auf Anspannungen in den Teilen des Bewusstseins der Person hin, die mit diesem Chakra in Verbindung stehen. Gibt es dort einige Anspannungen, erlebt man es als ein Gefühl von Unsicherheit. Mehr Anspannung wird als Angst erfahren. Noch mehr Anspannung, wird als Überlebensangst erfahren.

Aktiviertes Wurzelchakra:

Ein aktiviertes erstes Chakra findet man bei Menschen, die "bodenständig" sind, mit "beiden Beinen im Leben stehen". Menschen mit einem stark entwickelten Wurzelchakra, bejahen das Leben, strahlen eine vitale Frische aus und sind materiell gesehen oft äußerst erfolgreich.

Ein ausgeglichenes Wurzelchakra, vermittelt das Gefühl der Sicherheit. Die Angst, machtlos zu sein, ist überwunden, Liebe und Vertrauen sind vorhanden. Die Verbindung zur Erde, zum Beständigen, stellt den Bezug zur Realität her.

Sensitive Menschen mit einem ausgeglichenen Wurzelchakra sind in der Lage, ihre esoterischen Fähigkeiten auszuschöpfen und ihre Anlage zu vervollkommnen. Dazu gehören die Fähigkeiten, den

Körper zu verlassen, Visionen ohne Angst wahrzunehmen und Hellsichtigkeit für andere Menschen hilfreich umzusetzen.

Kurzfassung - Indikatoren für störungsfreies Wurzelchakra

Lebenskraft, gute gesundheitliche Konstitution, Urvertrauen, Sicherheit, Geborgenheit, mit beiden Beinen auf der Erde, Ausdauer, Durchhaltevermögen, stabile Knochen und Nägel, gute Zähne, gute problemlose Verdauung und Ausscheidung

Blockiertes Wurzelchakra:

Ist das Wurzelchakra blockiert, fehlt es an Antriebskraft. Morgens kommt man kaum aus dem Bett, tagsüber ist alles ermüdend und am Abend geht es wieder früh ins Bett zurück. Da die Energie nicht fließt, ist der gesamte Körper energetisch unterversorgt. Auf psychischer Ebene, führt dies zu einer undifferenzierten, konturlosen Persönlichkeit, die schnell zu beeindrucken ist und wenig Ecken und Kanten zu bieten hat. Diese Symptome vergehen, wenn das Wurzelchakra (wieder) belebt wird und die rohe Erdenergie ungehindert in den gesamten Energiehaushalt fließen kann.

Kurzfassung - Indikatoren für Störungen / Blockaden im Wurzelchakra:

Mangelnde Lebensenergie, wenig Lebensfreude, mangelndes Vertrauen ins Leben, Existenzängste, Misstrauen, Phobien (z. B. vor Spinnen oder ähnlichem), psychische Kraftlosigkeit, Depressionen, Darmerkrankungen, Hämorrhoiden, Verstopfung, Durchfall, Kreuzschmerzen, Hexenschuss, Ischialgien, Knochenerkrankungen, Osteoporose, Schmerzen in Beinen und Füßen, Krampfadern und Venenleiden, Blutarmut, Blutdruckschwankungen, stressbedingte Erkrankungen, allergische Beschwerden. Funktion der Drüsen, die dem Wurzelchakra zugeordnet sind:

Die Nebennieren bestehen aus Rinde und Mark. Sie sind an der Steuerung des Eiweiß-, Kohlenhydrat-, Salz- und Wassergleichgewichts beteiligt. Die Nebennierenrinde produziert das Hormon Aldosteron, das Nebennierenmark unter anderem das Hormon Adrenalin, außerdem noch Noradrenalin und Cortison. Adrenalin steigert den Stoffwechsel. Außerdem ist es bekannt als Flucht-, Kampf- oder Stresshormon, wobei es bei der Vorbereitung auf lebensbedrohliche Notsituationen hilft. Die Peyerschen Lymphfollikel/Lymphdrüsen befinden sich im Appendix und in den Darmwänden. Sie sind wichtig für die (lokale) Immunreaktion des Körpers. Eventuell auch zum Sakral-Chakra gehörig.

2. Chakra, das Sakralchakra / Svadhisthana-Chakra (Svadhisthana = Süße, Lieblichkeit)

Das Sakralchakra ist das zweite Chakra und liegt etwa eine Handbreit unter dem Bauchnabel. Es ist wie alle noch folgenden Chakren, außer dem Wurzelchakra und dem Kronenchakra, nach vorne geöffnet. Es steht für die ursprüngliche Lebenslust und die göttliche Schaffenskraft und ist der Sitz ungefilterter ursprünglicher Emotionen. In dieser Bewusstseinsstufe liegt die Kreativität. Eng verbunden mit der Schaffenskraft ist der Fortpflanzungstrieb, der ja auch mit dem Schaffen von etwas Neuem verbunden ist. Störungen in diesem Chakra können sich durch Krankheiten an den Geschlechtsorganen, aber auch Störungen im sinnlichen Empfinden äußern. Auch eine Über- oder Unterfunktion des Sexualtriebes kann Aufschluss über ein blockiertes Sakralchakra geben. Seelisch macht sich das Ungleichgewicht durch Süchte und Antriebslosigkeit bemerkbar.

Kurzübersicht - Informationen & Zuordnungen

In folgender Tabelle haben wir die wichtigsten Informationen und Zuordnungen die dem Sakralchakra entsprechen, für dich zusammengefasst:
Namen   Svadhisthana,   Sakralchakra, Sexualchakra,   Kreuzzentrum,   Polaritätschakra, Sexual-Zentrum, 2. Chakra
Themen   Sinnliche   Ebene   der   Sexualität; Erotik; ursprüngliche Gefühle. Innere Verbundenheit mit den befruchtenden und empfangenden Energien in der Natur, schöpferische Kräfte. Loslassen, und mit dem Leben fließen.

Lage   etwa eine Handbreit unter dem Bauchnabel
Energieaufnahme   öffnet sich nach vorne
Körper-Zuordnung   Der Fluss aller Körpersäfte wird von hier beeinflusst: Blut Lymphe, Schweiß, Verdauungssäfte, Sperma und Urin, sowie Tränen. Die Eierstöcke, Keimdrüsen und Hoden werden von hier aus hormonell beeinflusst.
Sinnesfunktion   Geschmackssinn, Drüsen Eierstöcke, Hoden
Hormone   Östrogene, Testosteron, Progesteron
Steine   Oranger Beryll, oranger Jaspis, Karneol, Citrin, Mondstein
Farben   Orange
Element   Wasser
Aromen   Ylang-Ylang, Sandelholz, Myrrhe, Bitterorange, Pfeffer, Vanille, Orange
Bachblüten   Oak, Olive, Pine
Räucherstoffe Vanille, Tolu, Styrax, Benzoe, Rosenholz, Angelikawurzel, Myrrhe, Sandelholz, Drachenblut, Weihrauch
Mantra   VAM
Symbol   Sechsblättriger Lotus
Lichtwesen   Aufgestiegene Meister: Seraphis Bey, Sanat Kumara;
Erzengel: Michael

Was das Sakralchakra anbelangt, zeigt es seine Offenheit und harmonische Funktion, in dem sich unser Leben und unsere Gefühle in einem natürlichen Fließen äußert. Es hat mit Kommunikation mit dem inneren Wesen zu tun. Mit dem, was der Körper möchte und braucht und womit

25

er Freude erfährt. Die Fähigkeit der Person, Kinder zu bekommen ist ebenfalls mit diesem Chakra verbunden.

Seine disharmonische Funktion hat den Ursprung oft in der Pubertät. Wenn die Eltern und Lehrer nicht in der Lage waren, die erwachenden sexuellen Kräfte und die Anwendung dieser Energien richtig zu vermitteln. Das zweite Chakra ist das Zentrum ursprünglicher Emotionen, sexueller Energien und schöpferischer Kräfte.

Aktiviertes Sakralchakra:

Ein aktiviertes Chakra äußert sich natürlich in einem vitalen, lustvollen Sexualleben. Aber nicht nur dort. Menschen, deren Sakralchakra aktiviert ist, können sich beispielsweise voll einer Aufgabe hingeben oder sich auf andere Menschen und Meinungen einlassen. Das entwickelte Sakralchakra steht nicht nur für das "Zeugen von Kindern" sondern auch für alle anderen Formen des schöpferischen (zeugenden) Handelns: der Kreativität in der Kunst, im Beruf oder beim eigenen Hobby.

Ein ausgeglichenes Sakralchakra, befähigt zu einer seelisch-körperlichen Übereinstimmung in der Partnerschaft. Der Mensch vertraut seinen Instinkten und das Umfeld spürt seine Vitalität. Er ruht in sich und hat einen ausgeprägten Familiensinn.

Wenn Wurzelchakra und Sakralchakra im Einklang sind, hat ein Mensch mit sensitiven Anlagen die Möglichkeit, seine Fähigkeiten zu vervollkommnen.

Kurzfassung - Indikatoren für störungsfreies Sakralchakra

Sinnlichkeit, Lebensfreude, Schöpferische Kraft, Kreativität, Sexuelle Energie, Lust am Leben, positive Bindungen zu anderen Menschen und zum anderen Geschlecht, Selbstbewusstsein, Begeisterungsfähigkeit

Blockiertes Sakralchakra:

Oft ist der Fluss des Gebens und Nehmens gestört. Das kann sich auf verschiedenste Weisen äußern:

Ein blockiertes Sakralchakra verweist nicht nur auf Frigidität und Impotenz. Auch Sexsüchte (bspw. Nymphomanie oder deren männliches Pendant "Don Juanismus") können Zeichen eines gestörten Sakralchakras sein.

Körperlich zeigt sich die Störung als Fettleibigkeit (Horten, alles behalten wollen) oder Magersucht (Ablehnung, nichts nehmen wollen).
Emotional wirkt dies bei Menschen, die Probleme haben, ihre eigenen Gefühle zuzulassen - oder mit denen von anderen Menschen umzugehen.

Zwischenmenschlich wirkt die Störung in Form von Vereinsamung und Isolation. Oder als Mensch, der gerne kokettiert, ohne sich wirklich einzulassen.

Kurzfassung - Indikatoren für Störungen / Blockaden im Sakralchakra:

Unfähigkeit das Leben zu genießen, seelische Kraftlosigkeit, Motivationslosigkeit, Eifersucht, Schuldgefühle, zwanghaftes Sexualverhalten, Sexgier, sexuelles Desinteresse, Suchtgefährdung, starke Stimmungsschwankungen, Triebhaftigkeit, Menstruationsbeschwerden, Erkrankungen von Gebärmutter und Eierstöcken, Prostata- und Hodenerkrankungen, Potenzstörungen, Pilzerkrankungen der Geschlechtsorgane, Geschlechtskrankheiten, Nierenerkrankungen, Blasenprobleme, Harnwegsinfektionen, Schmerzen im Bereich der Lendenwirbelsäule, Hüftschmerzen, Folgeerscheinungen mangelnder Entgiftung
Funktion der Drüsen, die dem Sakralchakra zugeordnet sind:

Die paarweise angeordneten Keimdrüsen, produzieren in ihrem endokrinen Anteil Sexualhormone. Die Hoden u.a. das männliche Hormon Testosteron, die Eierstöcke die weiblichen Hormone Östrogen und Progesteron. In ihrem exokrinen Anteil bilden die Hoden Samenfäden, die Eierstöcke lassen die Eizellen reifen.

3. Chakra, das Solarplexuschakra

Manipura, Solarplexuschakra, Nabelchakra, Nabelzentrum,

3. Chakra, das Solarplexuschakra / Manipura-Chakra

Das Solarplexuschakra befindet sich etwas oberhalb des Nabels auf Höhe des Sonnengeflechts (Solar-Plexus). Es ist dem Feuerelement zugeordnet, das Licht, Wärme, Energie und Aktivität, auch Leistung und Macht, bedeutet. Es steht für die Entwicklung des "Ichs", sowie die Durchsetzungskraft in der eigenen Umwelt. Dabei ist nicht das mit Gewalt Durchsetzen gemeint, sondern das Finden eines harmonischen Wegs, seine eigenen Ideen zu verwirklichen. Blockaden in diesem Chakra, äußern sich körperlich durch Verdauungsstörungen, Magenprobleme, Diabetes und Übergewicht. Seelisch kommt die Blockade durch Aggressivität, Unsicherheit, Schlafstörungen und Albträume zum Ausdruck.

Kurzübersicht - Informationen & Zuordnungen

In folgender Tabelle haben wir die wichtigsten Informationen und Zuordnungen die dem Solarplexuschakra entsprechen, für dich zusammengefasst:

Namen Manipura, Solarplexuschakra, Nabelchakra, Nabelzentrum, Milzchakra, Magenchakra,

3. Chakra

Themen   Sitz der Persönlichkeit, bewusste Gestaltung des Lebens. Kraft und Fülle, Einfluss und Macht. Verarbeitung und Transformation der vitalen Antriebe und Wünsche. Integration von Gefühlen und Lebenserfahrungen.

Lage   direkt über dem Sonnengeflecht etwas in Höhe des Magens

Energieaufnahme   öffnet sich nach vorne

Körper-Zuordnung   Von hier aus werden Magen, Leber, Milz und Galle, das Verdauungssystem und das vegetative Nervensystem mit Energie versorgt.

Sinnesfunktion   Sehvermögen

Drüsen   Bauchspeicheldrüse (Leber)

Hormone   Insulin, Glucagon

Steine   Tigerauge, Topas, gelber Trumalin, Citrin

Farben   Gelb

Element   Feuer

Aromen   Lavendel, Kamille, Zitrone, Anis, Grapefruit, Fenchel

Bachblüten   Impatiens, Scleranthus, Hornbeam

Räucherstoffe   Benzoe, Nelke, Rosmarin, Cistrose, Kamille, Immortelle, Weihrauch, Melisse, Lavendel, Sandelholz, Zimt

Mantra   RAM

Symbol   Zehnblättrige Lotusblüte

Lichtwesen   Aufgestiegene Meister: Kuthumi, Seraphis Bey, Sanat Kumara;
Erzengel: Uriel, Chamuel

Das Solarplexuschakra ist der Sitz unserer Persönlichkeit und der bewussten Gestaltung unseres Lebens, der Einflussnahme und Macht. Hier werden die vitalen Antriebe und Wünsche der unteren Chakren verarbeitet und transformiert, sowie Gefühle und Erfahrungen in die Gesamtpersönlichkeit integriert. Wärme, Kraft und Fülle, Harmonie mit uns selbst und dem Leben erfahren wir, wenn unser drittes Chakra harmonisch arbeitet.

Das Thema, die Lernaufgabe des Solarplexuschakra ist die Entfaltung der Persönlichkeit, die Verarbeitung von Gefühlen und Erlebnissen, Gestaltung des Seins, Einfluss und Macht, Kraft und Fülle und Weisheit, die aus Erfahrung wächst.
Aktiviertes Solarplexuschakra:

Ein Mensch mit einem entwickelten Solarplexuschakra, verfügt über die natürliche Aggressivität, die man zum Erreichen eigener Ziele benötigt. Speziell wenn sich Widerstände in den Weg stellen, verfügt ein Mensch mit dem aktivierten Chakra über die Kraft, Energie und dem Willen, diese zu beseitigen und weiter zu gehen.

Da der Solarplexus den Fluss zwischen Gefühl und Verstand herstellt, kann ein Mensch mit einem aktivierten Solarplexuschakra sehr gut mit Gefühlen umgehen. Anstatt von ihnen "überrollt" zu werden, stellt er eine Verbindung zum Verstand her, der die Emotionen verstehen, reflektieren und um wichtige Gedankenimpulse bereichern kann. Umgekehrt bleiben Gedanken keine abgehobene intellektuelle

Spinnerei, sondern werden emotional verwurzelt, befruchtet und können so greifbar umgesetzt werden.

Ein Mensch mit ausgeglichenem Solarplexuschakra, ruht in seiner Mitte und wirkt auf seine Umwelt stabil. Es ist ein tatkräftiger Mensch, der Entscheidungen trifft und Verantwortung übernimmt. Er reagiert sensibel und folgt bei seinen Entscheidungen seiner Intuition. Diese Menschen sind auch sehr einfühlsam und offen für die Probleme anderer. Medial veranlagte Menschen, können hier ihre telepathischen Fähigkeiten verstärken, sie haben den sogenannten Röntgenblick.

Kurzfassung - Indikatoren für störungsfreies Solarplexuschakra
Hohes Maß an Energie und Lebendigkeit, Selbstbewusstsein, Ziele werden verwirklicht, Tatkraft, starke Persönlichkeit, Macht im positiven Sinne einhergehend mit Sensibilität und Mitgefühl, intuitive Entscheidungen (aus dem Bauch heraus), Gefühle können akzeptiert und gelebt werden, gute Nerven, guter Schlaf

Blockiertes Solarplexuschakra:

Die Blockade äußert sich einerseits in Kraftlosigkeit. Oder als verzerrter Machtwille, der vor Manipulation, Täuschung und Intrigen nicht zurückschreckt.
Die aggressionslose Variante ist in Wirklichkeit nicht frei von Ärger oder Wut - diese Gefühle werden lediglich abgeschnitten und nach innen gerichtet. Die

Folgen können nicht nur gesundheitliche Probleme sein, sondern auch zwischenmenschliche Spannungen, die sich in plötzlichen Wutausbrüchen äußern können. Weiterhin ist es wahrscheinlich, dass ein Mensch mit diesem blockierten Chakra, die "hauseigenen" Aggressionen in die Umwelt projiziert und daraus Gefühle von Angst und Paranoia ableitet.

Der verzerrte Machtwille ist voll und ganz auf seine eigenen egoistischen Ziele fixiert. Was er nicht bekommt, wird "Auge um Auge und Zahn um Zahn" eingefordert. Ob als tyrannischer Hausherr oder als schwarzmagischer Energiebeschwörer - immer steht für einen solchen Menschen das eigene Interesse vor dem der anderen.

Kurzfassung - Indikatoren für Störungen / Blockaden im Solarplexuschakra:

Wenig Lebensenergie, Gefühlskälte, Gleichgültigkeit, Unsicherheit, mangelndes Selbstbewusstsein, Machtbesessenheit, übertriebener Ehrgeiz und Leistungsdenken, Rücksichtslosigkeit, Wutanfälle, Essstörungen, Schlafstörungen, Ziele nicht erreichen, keine Durchsetzungskraft, blockierte Gefühle, Magenerkrankungen, Sodbrennen, Erkrankungen von Leber, Milz + Gallenblase, Gelbsucht, Verdauungsstörungen, Schmerzen in der Lendenwirbelsäule, Nervenerkrankungen, Diabetes mellitus, Übergewicht
Funktion der Drüsen, die dem Solarplexuschakra zugeordnet sind:

Die Langerhansschen Zellen sind der endokrine Teil der Bauspeicheldrüse. Sie produzieren Insulin und Glucagon, die für den Kohlehydratstoffwechsel wichtig sind. Glucagon hebt, Insulin senkt den Blutzuckerspiegel. Der übrige Teil der Bauchspeicheldrüse entspricht einer exokrinen Drüse, die verschiedene Fermente und Enzyme direkt in den Zwölffingerdarm abgibt.

4. Chakra, das Herzchakra
Anahata, Herzchakra, Herz-Zentrum,

4. Chakra

4. Chakra, das Herzchakra / Anahata-Chakra (Anahata = nicht angeschlagen, unbeschädigt)

Das Herzchakra liegt auf der Höhe des Herzens und ist der Mittelpunkt des Chakrensystems. Es ist in seiner gereinigten Form der Sitz der bedingungslosen Liebe. In diesem Lernstadium erfährt der Mensch, was Liebe geben heißt. Er sieht sich nicht mehr nur als empfangendes Wesen, oder als Ich, sondern als Teil einer Gemeinschaft. Auch das Mitgefühl und die Menschlichkeit, gehören zu diesem Bewusstseinsstadium. Körperliche Störungen aufgrund eines nicht richtig entwickelten Herzchakras, sind Herz- und Kreislauferkrankungen, sowie Haut- und Lungenerkrankungen. Seelisch äußert sich eine Störung durch

Kontaktschwierigkeiten, Gefühlskälte aber auch mangelnde Abgrenzung.

Kurzübersicht - Informationen & Zuordnungen

In folgender Tabelle haben wir die wichtigsten Informationen und Zuordnungen die dem Herzchakra entsprechen, für dich zusammengefasst:

Namen	Anahata, Herzchakra, Herzzentrum, 4. Chakra
Themen	Zentrum der Liebe, Hingabe, Selbstlosigkeit, Heilung. Einfühlung und Mitempfinden. Wahrnehmung der Schönheit und Harmonie in Natur und Kunst.
Lage	liegt in Höhe des Herzens
Energieaufnahme	öffnet sich nach vorne
Körper-Zuordnung	Versorgt Herz und Kreislauf, auch beeinflusst es über die Thymusdrüse das Immunsystem, was zu besseren Abwehrkräften führt.
Sinnesfunktion	Tastsinn
Drüsen	Thymusdrüse
Hormone	Thymosin
Steine	grüne Steine: Aventurin, Chrysokoll, Jade, Moosachat, Olivin, Smaragd, Turmalin Rosa Steine: Koralle, Rhodonit Rhodochrosit und Rosenquarz
Farben	Grün
Element	Luft (Wind)
Aromen	Rose, Jasmin, Estragon, Kardamom
Bachblüten	Red Chestnut, Willow, Chicory (Zichorie)

Räucherstoffe Rose, Weihrauch, Iriswurzel, Myrte, Copaivabalsam, Perubalsam, Melisse, Zimt, Nelke, Sandelholz

Mantra YAM

Symbol zwölfblättrige Lotusblüte

Lichtwesen Aufgestiegene Meister: Hilarion, Seraphis Bey, Djwal Khul

Erzengel: Raphael, Haniel

Das Herzchakra ist das Zentrum der Zuneigung, Hingabe und Heilung. Befindet es sich in einem Zustand der Ausgeglichenheit, öffnet sich unsere Wahrnehmung für die Schönheit und Harmonie in der Natur und Kunst, verleiht uns eine tiefe Lebensfreude, Einfühlungsvermögen und eine Liebe, die frei von Bedingungen ist.

Aktiviertes Herzchakra:

Das aktivierte Herzchakra, führt nicht nur in zwischenmenschlichen Beziehungen zu Fruchtbarkeit. Wessen Herz "offen" steht, fühlt sich mit der Welt im wahrsten Sinne des Wortes, verbunden. Ein Mensch mit entwickeltem Herzchakra, kann die Menschen so nehmen, wie sie sind. Er versteht und begreift ihr innerliches Wesen - und liebt es, unabhängig davon, wie jemand sich oberflächlich gesehen verhält, kleidet, pflegt oder nicht pflegt.

Menschen mit einem aktivierten Herzchakra, sind gesellig und übernehmen gerne soziale Verantwortung, nicht aufgrund äußerlicher Zwänge, sondern aufgrund innerlicher Berufung. Wer auf sein

Herz hört, kommt in Kontakt mit einer intuitiven Weisheit, die die tieferen Zusammenhänge des Lebens durchschaut und deren Ratschläge und Tipps nicht nur die eigenen Interessen, Wünsche und Vorstellungen berücksichtigt, sondern auch die der anderen. "Das Herz kennt Gründe, von denen der Verstand nichts weiß", brachte es Blaise Pascal * treffgenau auf den Punkt.

* Blaise Pascal (1623 - 1662) war ein französischer Mathematiker, Physiker, Literat und Philosoph.

Das Herzchakra ist der Sitz der reinen Liebe. Dieses Chakra ist das Zentrum, das uns befähigt, die universelle Lebensenergie - Reiki - aus den Händen fließen zu lassen und andere zu heilen. Ein aktives Chakra befähigt dazu, Dinge mental zu beeinflussen. Möglich sind beispielsweise Gedankenübertragung und Fernheilung. "Der Wille kann Berge versetzen." Alles, was man in seinem Leben ernsthaft erreichen möchte, wird in Erfüllung gehen.

Kurzfassung - Indikatoren für störungsfreies Herzchakra

Mitgefühl, tiefes Verständnis und sich hineinversetzen, Überwindung von eigennützigem Denken und Handeln, umfassende uneigennützige Liebe, Toleranz gegenüber Andersdenkenden und fremden Kulturen, es fällt leicht für andere Verantwortung zu übernehmen, auch sich selbst trotz

Schwächen und Fehler liebevoll annehmen, Herzenswärme

Blockiertes Herzchakra:

Die Blockade äußert sich in Lieblosigkeit, Unsensibilität und "Coolness". Menschen mit blockiertem Herzen machen Sex - aber keine Liebe. Die fehlende, gehemmte oder blockierte Liebe, führt häufig zu Suchtverhalten. Sei es in Form von Geld, Erfolg oder Alkohol, Kokain, Haschisch und anderen Drogen - der Herzlose fühlt die innerliche Leere und muss diese, in welcher Form auch immer, ausfüllen. Doch keine "Ersatzdroge" kann den Verlust des Herzens ausgleichen. Erst die Erfüllung der tatsächlichen Sehnsucht nach Wärme und Liebe führt zur Heilung.

Kurzfassung - Indikatoren für Störungen / Blockaden im Herzchakra:

Lieblosigkeit, Herzenskälte, Verbitterung, Kontaktschwierigkeiten, Einsamkeit, Probleme Liebe anzunehmen, Beziehungsprobleme, Koronare Herzerkrankungen + Angina Pectoris, Herzrhythmusstörungen, hoher oder niedriger Blutdruck, erhöhte Cholesterinwerte, Durchblutungsstörungen, Lungenerkrankungen, Asthma, Atembeschwerden, häufige Erkältungen, Allergien, Schmerzen in der Brustwirbelsäule und Schultern, Rheuma in Armen und Händen, Hauterkrankungen

Funktion der Drüsen, die dem Herzchakra zugeordnet sind:

Die Thymusdrüse gehört zum lymphatischen System und produziert Thymosin. Dieses Hormon ist zuständig für die Entwicklung von T-Lymphozyten, die wiederum fähig sind, körperfremde Zellen und Mikroorganismen zu vernichten. Sie steuert die Produktion der Infektionsabwehrenden weißen Blutkörperchen. Die Drüse ist wichtig für das gesamte Immunsystem. Nach bisheriger schulmedizinischer Erkenntnis, bildet sich die Thymusdrüse nach der Pubertät zurück und wird durch Bindegewebe und Fettgewebe ersetzt.

5. Chakra, das Halschakra
Visuddha, Halschakra, Kehlchakra, Kommunikationszentrum, 5. Chakra

5. Chakra, das Halschakra / Vishuddha-Chakra (Vishuddhi = reinigen)

Das Halschakra, befindet sich auf der Höhe des Kehlkopfes. Es steht für die Wahrheitsfindung und die Kommunikation. Für unsere Beziehungen heißt das, dass wir gelernt haben, durch Gespräche Harmonie in unsere Umwelt zu bringen. Körperliche Symptome bei einem blockierten Halschakra, sind Schilddrüsenerkrankungen, Nackenschmerzen oder Sprachstörungen. Auch Hemmungen und ein Mangel an Ausdrucksvermögen weisen auf Probleme in diesem Bereich hin.

Kurzübersicht - Informationen & Zuordnungen

In folgender Tabelle haben wir die wichtigsten Informationen und Zuordnungen die dem Halschakra entsprechen, für dich zusammengefasst:

Namen   Visuddha, Halschakra, Kehlchakra, Kommunikationszentrum, 5. Chakra

Themen   Kommunikation, Ausdruck unserer Gedanken und Gefühle, Kreativität. Wahrnehmung der inneren Stimme, Inspiration, Kontakt mit dem innewohnenden Geist. Selbstbestimmung, Unabhängigkeit, Offenheit für feinstoffliche Dimensionen.

Lage   Höhe des Kehlkopfes

Energieaufnahme   nach vorne und nach unten geöffnet

Körper-Zuordnung   versorgt die Schilddrüse mit Energie, steuert damit Hunger und Durst. Ohren, Hals-, Nacken- und Kieferbereich, Bronchien und obere Lungen, Speiseröhre und Stimmbänder werden vom Halschakra mit Energie beeinflusst.

Sinnesfunktion   Gehörsinn

Drüsen   Schilddrüse

Hormone   Thyroxin

Steine   Aqamarin, Chalzedon, Coelestin, Chrysokoll, Mondstein, Opal, Perle, Türkis, blauer Topas

Farben   Blau

Element   Äther (Akasha)

Aromen   Eukalyptus, Kampfer, Pfefferminze, römische Kamille, Manuka

Bachblüten   Agrimony, Cerato, Mimulus
Räucherstoffe Salbei, Lavendel, Lorbeer, Sandelholz,
Mastix, Eukalyptus, Weihrauch, Benzoe
Mantra   HAM
Symbol   Sechzehnblättrige Lotusblüte
Lichtwesen   Aufgestiegene Meister: El Morya,
Seraphis Bey, Orion, Angelika, Pallas Athene, Lao
Tse, Kwan Yin,
Erzengel: Gabriel

Im Halschakra, befindet sich das Zentrum der Kommunikation und des kreativen Selbstausdruckes, der Selbstbestimmung und Unabhängigkeit. Hier öffnen wir uns für feinstoffliche Dimensionen, können die Botschaften der inneren Stimme und geistige Inspiration empfangen und in Kontakt mit dem innewohnenden Geist treten.

Bei einem vollständig geöffneten Halschakra, werden Gefühle, Gedanken und innere Erkenntnisse ohne Furcht offen ausgedrückt. Man ist in der Lage, Schwächen ebenso wie Stärken zu zeigen. Dieses Chakra zeigt auch, ob eine Person fähig ist, anzunehmen was sich ihr anbietet.

Ist das Halschakra disharmonisch, so kann das Leben und die Gefühle nicht angenommen werden, die sich bieten. Oft wird dies mit Misstrauen kompensiert. Man betrachtet die Welt als einen feindlichen Ort. Man ist vorsichtig und hat negative Erwartungen hinsichtlich dessen, was auf einen zukommt. Man erwartet eher Feindseligkeit, Gewalt oder Demütigung und nicht Liebe und Nahrung. Da man mit diesen Erwartungen ein negatives Kraftfeld um sich aufbaut, zieht man auch negative Erfahrungen an, entsprechend dem Gesetz "Gleiches zieht Gleiches an".

Aktiviertes Halschakra:

Das aktivierte Halschakra, äußert sich in einer starken Kommunikationsfähigkeit. Damit ist nicht das oberflächliche Schwatzen gemeint, sondern die Fähigkeit, sich und andere zu verstehen, und sich selbst verständlich gegenüber anderen zu machen.

Ein aktives Halschakra, befähigt den Menschen, zuzuhören. Er ist diskussionsfreudig und in der Lage, über seine Gefühle zu reden. Menschen mit einem ausgeglichenen Halschakra, sind sehr kreativ und offen für Inspirationen.

Kurzfassung - Indikatoren für störungsfreies Halschakra

Verbale und kreative Ausdrucksfähigkeit, Sprachgewandtheit, Kommunikationsfähigkeit, bewusster Umgang mit Worten (Wahrhaftigkeit), schöne Stimme, Musikalität

Blockiertes Halschakra:

Menschen, deren Halschakra blockiert ist, sind nicht in der Lage, sich verständlich zu machen, Ihre Ideen, Meinungen und Vorstellungen auszudrücken und so den verbalen Austausch mit anderen zu pflegen. Diese Hemmung äußert sich in Scheu, Sprachblockaden und auch der Unfähigkeit, dem anderen zuhören zu können.

Kurzfassung - Indikatoren für Störungen / Blockaden im Halschakra:

Schwierigkeiten Gefühle und Gedanken in Worte zu fassen, Angst seine eigene Meinung zu vertreten, Hemmungen, Schüchternheit, kein Zugang zur inneren Stimme, Halsschmerzen, Hals- und Mandelentzündungen, Heiserkeit, Sprachstörungen z. B. Stottern, Mundhöhlen-, Zahnfleisch-Kieferentzündungen, Schmerzen in Halswirbelsäule, Nacken + Schultern, Über- / Unterfunktion der Schilddrüse und damit einhergehende Störungen wie z. B. Nervosität/Antriebsschwäche
Funktion der Drüsen, die dem Halschakra zugeordnet sind:

Die Schilddrüse produziert unter anderem das Hormon Thyroxin, das für Wachstum, Entwicklung und Nervenfunktion verantwortlich ist. Sie steuert den Energieverbrauch/Stoffwechsel im Körper und die Entwicklung des Körpers. Die Nebenschilddrüse steuert den Kalziumspiegel des Blutes.

6. Chakra, das Stirnchakra

43

Visuddha Ajña, Stirnchakra, Drittes Auge, Inneres Auge

6. Chakra, das Stirnchakra / Ajna-Chakra (Ajna = wahrnehmen)

Das Stirnchakra, das "Dritte Auge", befindet sich zwischen den Augenbrauen. In diesem Bewusstseinsstadium, wird Weisheit und Erkenntnis erlangt. Durch die vorhergegangenen Lernschritte, haben wir diese Weisheit und wir verfügen über eine sichere Intuition, wie wir uns in unserer Umwelt richtig bewegen müssen. Diese Intuition kann durch übersinnliche Wahrnehmungen begleitet werden.

Blockaden in diesem Chakra, äußern sich körperlich durch Kopfschmerzen oder Erkrankung der Sinnesorgane. Seelisch hat der Blockierte mit Konzentrations- und Lernschwäche zu kämpfen. Auch eine übertriebene Ängstlichkeit kann Zeichen einer Blockade in diesem Bereich sein.
Kurzübersicht - Informationen & Zuordnungen

In folgender Tabelle haben wir die wichtigsten Informationen und Zuordnungen die dem Stirnchakra entsprechen, für dich zusammengefasst:
Namen   Ajña, Stirnchakra, Drittes Auge, Inneres Auge, Stirnzentrum, 6. Chakra
Themen   Erkenntnisfunktionen, Sitz des Geistes und des Verstandes. Entwicklung außersinnlicher Wahrnehmung, Intuition. Fähigkeit

44

zur Visualisierung. Projektion unseres Willens, Manifestation durch Gedankenkraft

Lage zwischen den Augenbrauen

Energieaufnahme öffnet sich über der Nasenwurzel, zwischen den Augenbrauen

Körper-Zuordnung Hormoneller Einfluss über die Hypophyse, das Steuerungszentrum aller Drüsentätigkeit im Körper. Das Stirnchakra versorgt das zentrale Nervensystem mit Energie.

Sinnesfunktion Außersinnliche Wahrnehmung

Drüsen Hirnanhangsdrüse (Hypophyse)

Hormone Vasopressin, Pituitrin

Steine Sodalith, Amethyst, Saphir, Bergkristall, Fluorit

Farben Indigo

Element Geist (kein traditionelles Element)

Aromen Jasmin, Minze, Zitronengras, Veilchen, Weihrauch, Basilikum

Bachblüten Crab Apple, Vine, Walnut

Räucherstoffe Aloeholz, Basilikum, Jasmin, Kampher, Mastix, Sandelholz, Veilchenwurzel, Pfefferminze, Rosmarin, Immortelle, Weihrauch, Wacholder

Mantra

Symbol Sechsundneunzigblättrige Lotusblüte

Lichtwesen Aufgestiegene Meister: Seraphis Bey Erzengel: Michael

Im Stirnchakra, finden wir die Erkenntnisfunktionen. Es ist der Sitz des Geistes und Verstandes, sowie der Willensprojektion. Geöffnet und in harmonischer Funktion, vermittelt es uns die Fähigkeit zur

Intuition und außersinnlichen Wahrnehmung wie auch zur Manifestation durch Gedankenkraft.

Das Stirnchakra ist verantwortlich für die Durchsetzung der schöpferischen Ideen, die im Zentrum entstehen. Wenn das "Dritte Auge" offen ist, folgen den Ideen die angemessenen Handlungen, durch die du dich in der physischen Welt materialisieren kannst.

Ist es in Disharmonie, hat die Person große Schwierigkeiten, ihre Ideen umzusetzen. Besonders enttäuschend kann es sein, wenn das vordere Zentrum offen ist und das rückwärtige geschlossen. Man hat viele kreative Einfälle, aber es wird nie etwas daraus. Vorwiegend hat man unglaubwürdige Entschuldigungen dafür und macht die Außenwelt für das Problem verantwortlich.

Aktiviertes Stirnchakra:

Ein Mensch, dessen "Drittes Auge" aktiviert ist, verfügt über ein hohes Vorstellungsvermögen. Ob Architekt, Ingenieur oder strategischer Planer eines Unternehmens: das "Dritte Auge" hilft, eine rohe Idee in eine ausgereifte, detaillierte Vorstellung zu verwandeln. Einstein erdachte sich die Relativitätstheorie durch mentale Experimente, in denen er mit bestimmten, bildhaften Vorstellungen jonglierte.

Wer sein **"Drittes Auge"** entwickelt hat, kann souverän auch mit negativen Gedanken umgehen und diese in positive Impulse verwandeln. Darüber hinaus, sind Menschen mit einem stark entwickelten Auge in der Lage, Vorstellungen energetisch aufzuladen und diese mental zu versenden (Telepathie).

Ein ausgeglichenes Stirnchakra befähigt uns, Schwingungen und unausgesprochene Dinge wahrzunehmen. Wir lassen uns von unserer Inspiration leiten. Hier entwickelt sich der so genannte 6. Sinn, gute Unterscheidungsfähigkeit und Sensibilität. Hier ist auch das Zentrum für logisches Denken und Konzentration.

Dieses Chakra befähigt den Menschen zur Selbsterkenntnis. Er kann hellsichtig sein und Visionen empfangen und verstehen. Ebenso ist er in der Lage, telepathische Botschaften zu senden und zu empfangen. Hier sitzt die inspirative Kraft und Energie der Meditation und des Wahrsagens.

Kurzfassung - Indikatoren für störungsfreies Stirnchakra

Gutes Gedächtnis und Konzentrationsfähigkeit, gute Intuition und Erkenntnis höherer Wirklichkeiten über das Alltagsbewusstsein hinaus, übersinnliche Wahrnehmung (Telepathie), gute Vorstellungskraft und viel Phantasie, geistige Klarheit, Selbsterkenntnis

Blockiertes Stirnchakra:

Wo das dritte Auge blockiert ist, beherrschen häufig Albträume, Stress, Ängste und Sorgen das emotionale und gedankliche Szenario. Man ist nicht in der Lage, angemessen zu planen (in die Zukunft sehen zu können), es mangelt an langfristigen Perspektiven. Hinzu kommen Konzentrationsschwächen und ein unreflektiertes Denken, das sich nicht nur in Ideenlosigkeit sondern auch wechselhaften, launischen und widersprüchlichen Gedankenumschwüngen äußert, die nicht miteinander harmonisiert werden können.

Kurzfassung - Indikatoren für Störungen / Blockaden im Stirnchakra:

Konzentrations- und Lernschwächen, fehlende Einsicht und Phantasie, ein unruhiger Geist, Schizophrenie, Ängste + Wahnvorstellungen, Aberglauben + geistige Verwirrung, Stimmungstiefs (Sinnlosigkeit), Kopfschmerzen + Migräne, Gehirnerkrankungen, Augenleiden, Ohrenleiden, chron. Schnupfen + Nebenhöhlenentzündungen, Erkrankungen des Nervensystems + neurologische Störungen. Funktion der Drüsen, die dem Stirnchakra zugeordnet sind:

Die Hirnanhangsdrüse (Hypophyse) steuert das Knochenwachstum und reguliert die Aktivität der übrigen endokrinen Drüsen und bestimmter Organe, wie Niere, Nebennieren, Haut, Knochen,

Schilddrüse, Hoden und Eierstöcke. Dies hat unter anderem direkt Auswirkungen auf Körpertemperatur, Hunger, Durst und Sexualtrieb. Die Hypophyse gilt als Schaltstelle des gesamten endokrinen Systems, ihre Aktivität wird sehr stark vom Hypothalamus beeinflusst.

7. Chakra, das Kronenchakra
Sahasrara,   Kronenchakra,   Scheitelchakra,
Scheitelzentrum, 7. Chakra

7. Chakra, das Kronen Chakra / Sahasrara-Chakra
(Sahasrara = tausendfältig, tausendfach)

Das Kronenchakra befindet sich außerhalb des grobstofflichen Körpers, oberhalb des Kopfes. Es ist nach oben geöffnet und verbindet uns mit dem Himmel und dem Göttlichen. Es ist das Bewusstseinszentrum der Spiritualität, der Erleuchtung und der Religiosität des Menschen. Der Mensch gibt in diesem Stadium seine Identität auf, um den göttlichen Plan zu erfüllen. Blockaden äußern sich durch Immunschwäche und chronische Krankheiten. Außerdem können Depressionen, Verwirrtheit oder Realitätsflucht Hinweis auf Blockaden in diesem Chakra geben.
Kurzübersicht - Informationen & Zuordnungen

In folgender Tabelle haben wir die wichtigsten Informationen und Zuordnungen die dem Kronenchakra entsprechen, für dich zusammengefasst:

Namen   Sahasrara,   Kronenchakra,
Scheitelchakra, Scheitelzentrum, 7. Chakra
Themen   Verschmelzung mit dem universellen
Sein, höchste Vollendung, Einheitsbewusstsein
Lage   einige Zentimeter über dem Scheitelpunkt des
Kopfes
Energieaufnahme   Energie fließt von oben nach
unten in den Körper
Körper-Zuordnung   Steuert die Entwicklung über
die Zirbeldrüse und es ist verantwortlich für die
Körperliche Größe.
Sinnesfunktion   Einfühlung
Drüsen   Zirbeldrüse (Epiphyse)
Hormone   Serotonin, Melatonin
Steine Amethyst, Bergkristall, Diamant, violetter
Fluorit
Farben   violett, weiß und gold
Element   Universum   (kein   traditionelles
Element)
Aromen   Weihrauch, Rosenholz, Neroli
Bachblüten   Wild Rose, White Chestnut
Räucherstoffe Myrrhe, Weihrauch, Sandelholz
Mantra   OM
Symbol   Tausendblättriger Lotus
Lichtwesen   Aufgestiegene Meister: Lady Nada,
Seraphis Bey, Saint Germain, Pallas Athene
Erzengel: Metatron

Das Kronenchakra bringt die Verbindung zum
«Großen Ganzen», zum Universum und zum
Seelenplan. Man „weiß", dass Dinge wahr sind, ohne
zu verstehen warum. Man macht sich keine Sorgen

und versteht, dass alle Erfahrungen einen Sinn haben, egal wie schmerzhaft sie manchmal sein können. Man vertraut seiner inneren Führung.

Aktiviertes Kronenchakra:

Wessen Kronenchakra geöffnet ist, der verfügt über ein Verstehen und Begreifen der Welt, das sich unter anderem in treffsicheren Intuitionen äußert. Die Fähigkeit, zukünftige Ereignisse zu erahnen, zählen genauso dazu wie die Einsicht in tiefe Lebenszusammenhänge. Der verstärkte Kontakt nach oben, vermittelt eine "Lebensführung", die weit über die rein planerischen Instanzen des Verstandes oder das emotionale Begreifen des Körpers hinausgeht. Wer sich so mit der geistigen Welt verbunden fühlen kann, fürchtet nichts mehr, weil er wirklich weiß.
Nur wenigen Menschen ist es möglich, die höchste Erkenntnis und das Universelle Bewusstsein zu erlangen. Menschen, die sich auf dem Wege dahin befinden, begegnen ihren Mitmenschen mit Toleranz. Sie akzeptieren andere, ohne sie verändern oder sich einmischen zu wollen und zeigen großes Verständnis. Den meisten Menschen wird diese Seinsebene verborgen bleiben.

Kurzfassung - Indikatoren für störungsfreies Kronenchakra

Spirituelles Verständnis, Selbstverwirklichung, tieferer innerer Frieden, und (vorausgesetzt, auch alle

anderen Chakras sind voll entwickelt und frei von Störungen) Erleuchtung, Vollendung
Blockiertes Kronenchakra:

Blockierungen in diesem Chakra, äußern sich häufig in einer tiefen Orientierungslosigkeit. Man lebt sein Leben, ist auch emotional, materiell und intellektuell erfolgreich, und trotzdem fehlt dem eigenen Leben Bedeutung, Sinn und Ausrichtung. Die geistige Leere, geht einher mit Gefühlen der Angst, der Entwurzelung und einer innerlichen Einsamkeit, die sich häufig in den Mittvierzigern oder später zunächst schleichend, später umso deutlicher bemerkbar macht. Sinnkrisen, die Frage, warum man das alles macht, sind die konsequente Folge dieses Mangels, der geheilt werden kann, wenn man sich mit seinem spirituellen Zentrum verbinden kann.

Kurzfassung - Indikatoren für Störungen / Blockaden im Kronechakra:

Verhaftung in der materiellen Welt, ein Gefühl von Mangel, Leere und Unzufriedenheit, Weltschmerz, Dumpfheit, geistige Erschöpfung, Verneinung der Schöpferkraft, Immunschwäche, Nervenleiden, Lähmungserscheinungen, Multiple Sklerose, Krebserkrankungen, Ein- und Durchschlafstörungen Funktion der Drüsen, die dem Kronenchakra zugeordnet sind:

Die Erforschung der Zirbeldrüse und ihrer Funktion ist noch nicht abgeschlossen. Die Epiphyse, oder Lichtdrüse, nimmt die Schwingungsreize des Lichts auf und gibt diese an das Sehzentrum weiter. Die innere Uhr wird über die Epiphyse reguliert. Sie steuert vermutlich den Herzrhythmus und soll bei der Fortpflanzung eine Rolle spielen, wie auch die gesamte Hormonproduktion koordinieren.

Körperübung Yoga zur Stärkung der einzelnen Chakren

Es gibt sieben Hauptchakren (Energieräder), über die wir mit der Welt in Kontakt gehen. Ihr Sitz ist dreidimensional entlang der Wirbelsäule. Nach altindischer Physiologie ziehen die Chakren die Lebensenergie (Prana) von außen in den Körper, durch die Energiebahnen, den Nadis (jap. Meridiane), wird sie zu den jeweiligen Organen und Körperregionen geleitet, mit der die Chakren in Verbindung stehen. Die Chakren können durch innere und äußere Einflüsse aus ihrem Gleichgewicht geraten und sich nicht mehr oder nur noch langsam drehen. Um dem vorzubeugen, helfen diese einfachen Yogaübungen.

Die Sieben Hauptchakren

Jedem der sieben Chakren können eine Farbe, Edelsteine, Düfte und Töne (da es in bestimmten Frequenzen vibriert) zugeordnet werden.

Jedes Chakra vibriert und rotiert mit unterschiedlicher Geschwindigkeit, das Wurzelchakra ist am langsamsten, das Kronenchakra am schnellsten. Die Größe und Stärke der Räder ist je nach individueller Entwicklung unterschiedlich, ebenso haben die physische Konstitution, Krankheit und Stress Einfluss auf ihre Beschaffenheit.

Übungen

Die Kleidung sollte locker sein, einengende Dinge abgelegt werden. Vor diesen Übungen sollte eine Aufwärmphase stattfinden, z.B. intensives Tanzen zu ein bis zwei schnelleren Musikstücken.

1. Chakra: Wurzelchakra (oder Basischakra)

Stichworte: Physische Identität (= Verwurzelung im Körper), Selbsterhaltung, Erdung, körperliche Gesundheit, Wohlstand, Vertrauen

Es hat die Farbe dunkelrot, diese Farbe gibt Energie. Lage: Zwischen Anus und Geschlecht auf dem Damm, wie eine Wurzel zur Erde

Körperliche Zuordnung: Knochen, Mastund Enddarm, Anus, Rektum
Drüse: Nebenniere
Hormone: Noradrenalin, Adrenalin
Körperübung: Tiefe Hocke

Diese Übung beginnt im Stehen, die Füße stehen hüftbreit auseinander, nun gehen Sie langsam in die Hocke, die Wirbelsäule sollte gerade bleiben, versuchen Sie die Fersen auf dem Boden zu lassen, die Arme liegen entspannt über den Knien oder umfassen die Knie. Wenn Sie es noch nicht schaffen, die Fersen auf dem Boden zu lassen, üben Sie bitte täglich und Sie werden bald die Fersen am Boden behalten können. Anfangs können Sie eine Handtuchrolle unter die Fersen legen.

Atmen Sie in der Hocke 7 x tief ein und aus. Ziehen Sie bei jedem Einatemzug den Damm (zwischen Genitalien und Anus) leicht nach oben und lassen Sie die Spannung beim Ausatmen wieder langsam los.

Danach kommen Sie wieder langsam zum Stehen und können, wenn Sie mögen, die Beine ausschütteln.

2. Chakra: Das Sakralchakra (oder Nabel-/Sexualchakra)

Stichworte: Lebensenergie und Freude, Kraft, gesunde Sexualität

Dieses Zentrum hat die Farbe orange und hat viel mit unserer Lebensenergie zu tun, es wird mit gesunder Sexualität in Verbindung gebracht und mit dem eigenen Selbstausdruck der Emotionen und Gefühle. Ein ausgeglichenes 2. Chakra hat die Folge einer glücklichen Lebenseinstellung.

Lage: ca. zweifingerbreit unter dem Bauchnabel
Körperliche Zuordnung: Fortpflanzungsorgane, Niere, Blase, Dickdarm
Drüse: Eierstöcke, Hoden, Prostata
Hormone: Östrogen, Testosteron

Körperübung: Das Krokodil

Sie liegen auf dem Rücken mit aufgestellten Füßen, die Arme sind in T-Form seitlich vom Körper weggestreckt, Handflächen nach oben. Nun lassen Sie langsam beide Knie zur rechten Seite zum Boden sinken und gleichzeitig drehen der Nacken und der Kopf auf die andere Seite, Sie blicken zur ausgestreckten Hand.
Nun wechseln Sie die Seiten.
Sie wiederholen diese Drehbewegung 7 x zu jeder Seite und lassen den Atem dabei frei fließen.

3. Chakra: Das Solarplexuschakra
Stichworte: Wille, Selbstwert, Mut
Das dritte Chakra mit der Farbe gelb liegt auf dem Nervengeflecht Solarplexus.

Lage: Dieses Chakra liegt ca. 5 cm unter dem Ende des Brustbeins, im Zentrum des Rumpfes, hinter dem Magen

Es ist das Zentrum der persönlichen Kraft und Stärke. Ärger wirkt schwächend auf dieses Chakra und es krampft sich zusammen.

Körperliche Zuordnung: Magen, Leber, Gallenblase, Pankreas, Dünndarm. Es hat Auswirkungen auf das vegetative Nervensystem und ist am anfälligsten für Stress.

Drüse: Bauchspeicheldrüse

Hormon: Insulin

Körperübung: Der Bogen

Legen Sie sich auf den Bauch, die Stirn berührt den Boden. Nun winkeln Sie die Knie ab und führen die Füße Richtung Gesäß, nun greifen Sie die Fußgelenke und heben mit dem nächsten Einatemzug den Kopf und ziehen die Füße zum Kopf und spannen so einen Bogen, die Oberschenkel heben vom Boden ab, und Sie konzentrieren sich auf das 3. Chakra.

4. Chakra: Das Herzchakra

Stichworte: Liebe und gute Beziehungen, Eigenliebe, Mitgefühl, Ausgleich von Geben und Empfangen, Liebe annehmen und geben können, Ganzheit, „soziale Intelligenz"

Als Farbe für dieses Chakra werden rosa und grün genannt.

Es ist das Zentrum des Chakrensystems.

Der Mittler zwischen den unteren und den oberen drei Chakren. Zwischen oben und unten, dem Himmlischen und dem Irdischen.

Lage: Es liegt hinter dem Brustbein, vor dem Rückgrat, zwischen den Schulterblättern.

Zugeordnete Körperteile: Herz, Lunge, Kreislauf, Schultern, oberer Rücken

Drüse: Thymusdrüse

Hormon: Thymushormon

Körperübung: Fischhaltung

Sie liegen lang gestreckt auf dem Rücken auf dem Boden und legen Ihre Handflächen mit der Handfläche nach unten unter Ihr Gesäß. Drücken Sie sich von den Ellenbogen hoch, öffnen Sie so Ihren Brustkorb und das Gewicht ruht auf Ellenbogen und Kopf. Atmen Sie einige Mal tief in den Herz- und Brustbereich.

Auflösen: Kopf langsam wieder auf den Boden gleiten lassen und Gewicht von den Ellenbogen, Hände herausnehmen und neben den Körper legen und entspannen.

5. Chakra: Das Kehl- oder Halschakra

Stichworte: Ausdruck, klare Kommunikation mit allen Mitteln, Kreativität, eigene Wahrheit aussprechen, Selbstausdruck

Die Farbe ist türkis bzw. hellblau.

Lage: im Kehlkopfbereich

Körperteile: Kehle, Nacken, Ohren, Schilddrüse, HWS
Drüsen: Schilddrüse und Nebenschilddrüse
Hormon: Thyroxin

Körperübung: Löwenstellung

Sie sitzen im Fersensitz und atmen tief durch die Nase ein. Mit dem nächsten Ausatmen strecken Sie gleichzeitig die Zunge weit heraus, rollen die Augen nach oben, spannen die Armmuskulatur bis in die gespreizten Fingerspitzen an (fahren Ihre Krallen aus) und lassen dazu noch ein Löwenfauchen hören.

6. Chakra: Das Stirnchakra (Drittes Auge)

Stichworte: Wissen des Seins, Intuition, Hellsichtigkeit, Wahrnehmung auf allen Ebenen
Seine Farbe ist indigoblau.
Lage: über der Nasenwurzel in der Mitte der Stirn, es wird mit der Zirbeldrüse in Verbindung gebracht. Hier wird das innere Licht wahrgenommen.
Ist dieses Chakra nicht in Harmonie, werden spirituelle Aspekte zurückgewiesen, der Fokus liegt auf Intellekt und Wissenschaft, Angst vor Intuition.
Körperteile: Augen, Gehirn, Drüsen und Lymphsystem
Die Aktivität dieses Chakras hat Auswirkungen auf den Hormonhaushalt und das Nervensystem.
Drüse: Hirnanhangdrüse (Hypophyse)
Hormone: Vasopressin

Körperübung: Kindhaltung oder gefaltetes Blatt

Sie sitzen im Fersensitz beugen sich vornüber und legen die Stirn auf den Boden und die Arme lang neben den Körper. Atmen Sie gleichmäßig weiter. Bleiben Sie, solange es für Sie angenehm ist, in dieser Haltung.

7. Das Scheitelchakra (oder Kronenchakra)
Stichworte: Sein, Glaube, Verbindung zum Göttlichen, Einheit, Weisheit, Bewusstsein, Wissen von Einheit

Die zugeordnete Farbe ist magenta oder gold oder ein helles weißes Licht. Auch violett.
Nach dem indischen Chakrensystem kommt die Seele über das Kronenchakra in den Körper und verlässt ihn dadurch wieder. In diesem Chakra ist der Mensch mit dem Kosmos verbunden. Hier hat er auch Verbindung zu seiner Bestimmung auf der Erde.
Lage: an der Fontanelle
Blockade in diesem Chakra: Migräne, Depression.
Drüse: Epiphyse (Hirnanhangdrüse)
Hormone: Serotonin, Melatonin
Körperübung: Kleiner Kopfstand

Sie beginnen im Fersensitz, legen die Handflächen schulterbreit vor den Körper und legen den Kopf mit dem Scheitel auf den Boden, sodass Kopf und Hände ein Dreieck bilden. Nun strecken Sie die Beine aus und schieben sich auf Kopf und Hände, sodass das

Gewicht auf Kopf und Händen ruht. Bleiben Sie sieben Atemzüge in dieser Haltung.

Reiki

Reiki, universelle Lebensenergie - Kraft durch unsere Hände

Reiki ist eine sehr alte Heilkunst, die durch den buddhistischen Mönch Dr. Mikao Usui wiederentdeckt wurde. Durch einfaches Handauflegen oder auch über Fernbehandlungen, wird die Lebensenergie weitergegeben.
Es gibt mittlerweile viele verschiedene Reiki Systeme. Wir möchten auf unserer Homepage das ursprüngliche Reiki System nach Mikao Usui vorstellen. Uns ist bewusst, dass es sein kann, dass du auf anderen Webseiten teilweise andere Sichtweisen, Beschreibungen und Informationen über Reiki und der Geschichte bzw. Legende von Reiki findest. Wir stellen dir hier vor, was wir selbst gelernt haben.

Der japanische Begriff "Reiki" bezeichnet die "universale Lebensenergie". Die grenzenlose göttliche Kraftquelle, die alles Lebendige erschafft und erhält. Diese heilende Energie, die beim Usui System durch das Auflegen der Hände ohne zusätzliche Willensanstrengung oder Konzentration weitergeleitet wird, richtet sich auf die Ursache physischer und psychischer Krankheit und gleicht sie mit der benötigten Schwingung aus. Reiki wirkt ganzheitlich bei Menschen, Tieren und Pflanzen und fördert das energetische Gleichgewicht. Es beseitigt die Ursache von Krankheit und Leid, stärkt auch die Lebenskräfte und wirkt bewusstseinserweiternd.

Der Reiki-Gebende, gibt keine eigene Energie ab, sondern stellt die Energie als Kanal nur zur Verfügung und fühlt sich im Regelfall nach einer Behandlung selber besser. Die heilende Energie wird vom Eingeweihten spontan und ohne Konzentration weitergeleitet. Er kann somit entweder sich selber oder Dritten direkt diese Energie zur Verfügung stellen. Ab dem zweiten Grad, kann der Geber dem Empfänger auch in seiner Abwesenheit über Raum und Zeit hinweg diese Energie zur Verfügung stellen. Reiki Energie durchdringt alle uns bekannten Materialien, wie Kleidung, Gips-Verbände, Bandagen, Metalle und Beton.

Die Lebensenergie dient zur Aufrechterhaltung der Gesundheit und lässt sich täglich und in jeder Lebenslage anwenden. Reiki dient dazu, das Gleichgewicht zwischen Körper, Geist und Seele (Emotionen) wieder herzustellen. In manchen Fällen haben Reiki Behandlungen zu Spontanheilungen geführt. In vielen Fällen konnten körperliche und seelische Leiden von chronischen oder im Endstadium kranken Menschen, stark verringert werden.

Da das Thema Reiki sehr komplex ist, haben wir dieses in mehrere Bereiche aufgeteilt. Diese möchten wir dir auf den folgenden Seiten näher vorstellen.

Reiki – Was ist Reiki
Usiu System des Reiki - Heilmethode und spiritueller Weg

Reiki (sprich: Ree-Kii) ist eine sehr alte Heilmethode, die vor über 2500 Jahren schon in den alten Sanskrit-Sutras erwähnt wurde und im 19. Jahrhundert von Dr. Mikao Usui, einem buddhistischen Mönch aus Japan, wiederentdeckt wurde. Seither wird auch vom Usui-System des Reiki gesprochen.

Das Wort „Reiki" ist ein japanisches Wort und bedeutet „universale Lebensenergie". Reiki ist eine sehr alte, natürliche Entspannungsmethode, die zur Harmonisierung des Energiehaushaltes führt. Reiki ist eine Methode des Handauflegens zur Stärkung und Regenerierung von Körper, Geist und Seele. Reiki ist ebenso ein spiritueller Weg zu sich selbst. Es ist eine einfache und wirksame Methode zur Übertragung dieser Energie. Sie wird als jene Kraft bezeichnet, die unseren Körper nährt und erhält.

Durch Auflegen der Hände des Reiki Eingeweihten kommt ein Energiefluss zustande, der als Wärme, Kribbeln oder auch als Pulsieren wahrgenommen werden kann (aber nicht muss).

Der Begriff "Reiki" besteht aus den beiden Zeichen "Rei" und "Ki". Das "Ki" kennt man als entsprechenden Begriff "Chi" oder "Qi" aus den Lehren des Tai Chi oder Qi Gong. In anderen Kulturen taucht es auch als Prana, Orgon, Odem etc. auf.
"Rei" bedeutet soviel wie Seele, Innerstes, Allumfassendes.

"Ki" bedeutet innere Essenz, z.B. die Summe aller Eigenschaften einer Person. Gleichzeitig beschreibt es auch die energetische Ausstrahlung eines Wesens, von etwas Existierendem, seine "Lebensenergie". Werden beide Silben miteinander verbunden, ergibt sich vereinfacht der Begriff "geistige Essenz", "umfassende Energie", „universale Lebensenergie" oder "ganzheitliche Energie".
Die Bezeichnung „Reiki", wird häufig sowohl für die Energie selbst, als auch für eine von Mikao Usui vermittelte Methode, mit dieser Energie umzugehen, verwendet. Reiki beinhaltet keinen speziellen Glauben und keine Religion. Dem Reiki Gebenden, wird keine persönliche Kraft entzogen. Er ist lediglich Kanal für die Energie, die sich dem Bedarf des Empfängers anpasst. Der Reiki Empfänger bekommt nur so viel reine Energie wie er braucht.

Reiki ist eine feinstoffliche, intelligente Energie, die Essenz allen Lebens. Reiki ist alle Energie, die von Gott (einer höheren Macht – wie immer man sie nennen mag) geführt wird. Da Reiki nicht vom Willen des Reiki Gebenden geführt wird, ist ein Missbrauch bzw. Manipulation dieser Energie ausgeschlossen.

Wer Reiki erlernt hat, wird zum Kanal für diese Energie und leitet sie an den zu Behandelnden durch bestimmte Techniken weiter. Hierbei werden die feinstofflichen Energiefelder des Körpers wieder aufgeladen und die Immunabwehr und Selbstheilungskräfte entscheidend aktiviert.

Grundlage für diese Wirkung, ist die bereits erwähnte universale Lebensenergie. Gemeint ist hiermit jene Ur-Kraft, durch die die Schöpfung selbst erst ermöglicht wurde und die fortan in allen Dingen wirkt und lebt. Sie ist keine unbekannte Größe und in fast allen Religionen und Kulturen erwähnt. Christen nennen sie das Licht, für die Hindus ist es Prana und die Chinesen bezeichnen sie als Chi. Aber auch moderne Begriffe wie Bioplasma oder Bioenergie bezeichnen hiermit das Gleiche.

Ob Prana, Chi, Ki, Licht oder in der Photosynthese (Biologie) - überall finden wir die Vorstellung von Lebensenergie.

Im Osten ist die Vorstellung des Wirkens der Lebensenergie, auch in den Wissenschaften stark verankert. So ist z.B. die Akupunktur darauf ausgerichtet, den Fluss einer für uns unsichtbaren

Energie durch gezielte Nadelstiche zu aktivieren und zu balancieren.

Im Tai-Chi wird die Energie durch Bewegungsabläufe gezielt geweckt und zum Ausdruck gebracht. Auch Yoga widmet sich u.a. der Aktivierung und Stärkung der eigenen Lebensenergie.

Im Westen ist die Vorstellung, dass handfeste Materie letztendlich aus Energie besteht, noch relativ neu. Die erst Anfang dieses Jahrhunderts aufgekommene Quantenphysik besagt, dass alle Materie aus Atomen besteht, die ihrerseits aus unsichtbaren, Energie-Einheiten bestehen (die Quarks).

Was die Energie des Lebens ganz genau ist, werden wir vielleicht nie vollständig begreifen können, weil das Leben größer ist als wir. Man muss übrigens nicht an Reiki "glauben", damit es funktioniert.

Zusammenfassung was Reiki ist / nicht ist

Was Reiki ist

Reiki ist ein System, das es jedem, der möchte, ermöglicht, Energie in intensiver Form zu empfangen und weiterzugeben

Reiki ist von jedem erlernbar
Reiki respektiert den freien Willen des Empfangenden
Reiki unterstützt Selbstheilungsprozesse
Reiki ist ein hilfreiches Werkzeug für die persönliche Entwicklung

Reiki ist immer für dich da - wenn du es einmal gelernt hast, kannst du es bis ans Ende deiner Tage einsetzen

Reiki ist ein ganzheitliches System, das Körper, Geist und Seele berücksichtigt - zugleich ist es leicht in viele andere Anwendungsmethoden integrierbar

Was Reiki nicht ist

Reiki ist keine Wunderdroge, die jemanden in den 7. Himmel der Spiritualität versetzt

Reiki ist keine Glaubenssache, verlangt deswegen auch keine dogmatische Hingabe, oder dass man "blind" einem Guru folgen muss

Reiki ist keine Hypnose oder Psychotherapie

Reiki ist kein Ersatz für den Arzt

(Bei gesundheitlichen Problemen suche bitte immer als erstes Deinen Arzt auf!)

Reiki "funktioniert" bei Menschen aller Altersgruppen sowie bei Tieren und Pflanzen. Während man bei Menschen grundsätzlich davon ausgehen kann, dass der "Placebo-Effekt" eine Rolle spielen kann, werden Tiere und Pflanzen vermutlich noch nie von Reiki gehört haben, noch daran "glauben". Trotzdem sind die Effekte mehrerer Reiki Behandlungen auch bei ihnen deutlich sichtbar. Das gleiche gilt für Babys (die sehr empfänglich für Reiki sind) oder für Menschen, die im Koma liegen.

Nicht der Glaube an Reiki ist entscheidend, sondern dass man offen dafür ist.

Wie wirkt Reiki - Gleichgewicht für Körper, Geist & ...
Reiki wirkt auf körperlicher, geistiger, emotionaler & seelischer Ebene

Reiki bringt Körper und Geist ins Gleichgewicht und wirkt auf allen Ebenen: der körperlichen, geistigen, emotionalen und seelischen Ebene.

Reiki fördert die Selbstheilung, kräftigt Körper und Geist, löst Blockaden auf, reinigt von Giften, gleicht die Kraftzentren (Chakren) und Energiebahnen (Meridiane) aus, stellt die Harmonie wieder her und fließt in unbegrenzter Quantität. Durch Reiki erfährt man spirituelles Wachstum, Umwandlung und geistige Segnung. Reiki ist somit für uns ein unermessliches Geschenk.

Wie Reiki wirkt, kann man nicht genau beschreiben, da die Wirkung zwar nachgewiesen werden kann, jedoch nicht die Wirkungsweise. Dr. Chujiro Hayashi (der bekannteste Schüler des Reiki-Begründers Dr. Mikao Usui) hinterließ in seinen Unterlagen folgende These:

Reiki findet die Ursache der physischen Symptome, gleicht die benötigten Schwingungen aus, beziehungsweise füllt diese mit Energie auf, so dass die Gesundheit wiederhergestellt wird.

Gerne wird zur die Analogie zum Wasser gesucht um die Wirkung von Reiki zu beschreiben. Wenn man einen Eimer voll Wasser auf eine mit Schlaglöchern übersäte Straße schüttet, wird sich das Wasser in den Schlaglöchern verteilen. Man muss nicht zu jedem einzelnen Loch gehen und es auffüllen; das Wasser fließt freiwillig in jedes einzelne hinein. Genauso arbeitet Reiki. Lasse Reiki fließen und die Energie wird sich freiwillig an den Stellen sammeln, wo sie gebraucht wird.

Diese Beschreibung der Wirkungsweise ist einleuchtend, jedoch nicht wissenschaftlich nachweisbar. Die Wirkung von Reiki ist bei jedem Menschen anders. Wird Reiki als Hilfe zur Selbstheilung eingesetzt, so sucht sich die Energie einen Weg, um den Menschen ganzheitlich zu heilen. Dabei kann es vorkommen, dass sich die sichtbaren Krankheitssymptome anscheinend nicht verändern. Die "Heilung" der Symptome kann teilweise erst lange nach Beginn der "Behandlung" einsetzen. Oftmals verschlimmert sich das Krankheitsbild auch, klingt dann aber sehr bald ab und die Krankheit ist geheilt, bzw. soweit eingedämmt, dass sie keine Folgen mehr hat.

Reiki regt die Selbstheilungskräfte an und verbindet Körper, Geist und Seele. Durch Reiki wird unser Innerstes wieder an diese Ursprünglichkeit erinnert - an etwas, was eigentlich schon immer da war und ist. Der freie Wille des Reiki Empfängers, wird durch die Reiki Energie niemals beeinflusst. Die Reiki Energie fließt bei einer Behandlung dort hin, wo sie am meisten benötigt wird und wie es für den Empfänger angemessen ist.

Reiki entspannt und steigert das innere Wohlbefinden, ist ideal zum Stressabbau, Kraft tanken, entspannen und seine innere Ruhe wieder zu finden. Reiki ist aber auch ein in Kontakt treten mit der eigenen Intuition, der inneren Stimme, ein spiritueller Weg zu sich selbst.
Das Ziel von Reiki ist es also, Harmonie herzustellen auf allen Ebenen des Seins, also im Körper, im Bewusstsein, im Aurafeld und im seelischen Bereich. Das Ergebnis ist Ganzheit, Heilung, Gesundheit und Freiheit von Blockaden.

Reiki (Lebensenergie) ist überall vorhanden, in und um uns. Lebensenergie ist die Grundlage allen Lebens. Unser Körper nimmt sie ständig aus der Umgebung auf, um existieren und seine Aufgaben erfüllen zu können. Dies ist genauso natürlich wie das Atmen. Auch durch das Atmen wird Lebensenergie aufgenommen. Viele Menschen "vergessen" manchmal zu atmen, sie atmen nur flach oder mit geringem Volumen, dies ist oft ein Grund für eine Unterversorgung mit Lebensenergie. Ein weiterer Grund für den Mangel an Lebensenergie kann eine Fehlfunktion der Energiebahnen und Energiezentren sein. Energiebahnen (Meridiane) und Energiezentren (Chakren) können verstopfen und ein Energiemangel kann auftreten. Abwesenheit von Gesundheit ist die Folge und der Körper spricht als helfende Stimme, um den Mangel an Harmonie, an Liebe und an Verbundenheit bewusst zu machen.

Hier kann Reiki helfen zur Harmonie zurückzukehren, wenn der Empfänger der Hilfe es wirklich möchte, wenn er wirklich bereit ist für Wachstum, Veränderung, Bewegung und Selbstverantwortung. Ohne die innere und äußere Bereitschaft muss der Körper immer wieder Krankheit signalisieren, weil es seine Aufgabe ist, den Mangel bewusst zu machen.

Wie bereits erwähnt wirkt Reiki auf allen Ebenen: der körperlichen, geistigen, emotionalen und seelischen Ebene. Folgend soll die Wirkung auf die jeweiligen Bereiche näher beschrieben werden.

Wirkung von Reiki auf die physische Ebene

Stressabbau - Entspannung - Beruhigung - Stärkung des Immunsystems - Bewirkung niedriger Krankheitszustände - Reinigung von Giftstoffen - erstaunliche Heilungen bei z.B. Neurodermitis, Allergien, Krebs, Nervenreizungen, Asthma, Tumore, Schuppenflechte, beschleunigte Heilung von Wunden.

Wirkung von Reiki auf die psychische Ebene

Harmonisierend im Gefühlsbereich, ausgleichend, Gefühle werden lebendiger, erfüllender erlebt, innere Stärke baut sich auf, abgelehnte, verdrängte Gefühle werden bewusst bearbeitet und neu integriert, Stress lässt nach, Liebe wird fühlbar, größere Feinfühligkeit,

Beziehungsheilung, Ängsteabbau, Öffnung und Zentrierung. ...

Wirkung von Reiki auf die mentale Ebene

Intuition entwickelt und verstärkt sich, Entwicklung des eigenen Potentials, gute Öffnung für Bilder und Ideen, neue Erfahrungen, offen fürs Leben, Kreativität, positive Lebenshaltung, die Lebensaufgabe erkennen, Förderung der Selbstentwicklung, wahrnehmen der größeren universellen Zusammenhänge, klare Entscheidungskraft.

Wirkung von Reiki auf die spirituelle Ebene

Meditation, feinere größere Aura, Verbindung mit höheren Ebenen, Entwicklung der spirituellen Fähigkeiten, Bewusstseinserweiterung, Vertrauen in den göttlichen Plan, die Sinnhaftigkeit des Lebens erkennend.
Reiki ersetzt keinen Arzt oder Heilpraktiker - es kann aber dabei helfen, die von den Fachleuten vorgeschlagene Therapie zu unterstützen.

Reiki Geschichte und Legende
Die Geschichte des Reiki ist voller Legenden. Was steckt dahinter?

Die tatsächliche Herkunft von Usuis Reiki System ist ungeklärt, nur wenige unabhängige Dokumente existieren über die Ursprünge und Einflüsse. Es gibt jedoch oberflächliche Ähnlichkeiten zum chinesischen Taoismus und zu buddhistischen Philosophien bei Form und Namen der Reiki Symbole. Die Reiki Lehre beinhaltet jedoch nicht die essentielle buddhistische Lehre* der drei Daseinsmerkmale (dukkha**, anicca***, anatta****) und kann daher nicht als solche gelten.

* Als die Drei Daseinsmerkmale (ti-lakkhana, Pali; tri-laksana, Sanskrit) werden im Buddhismus (insbesondere im Theravada) die Merkmale bezeichnet, die allen physischen und psychischen Phänomenen des Daseins inne wohnen.

Hierzu gehören:

** Dukkha - Alles ist mit Leid und Unzufriedenheit verbunden
*** Anicca - Nichts ist von ewigem Bestand, alles ist dem Wandel unterworfen.
**** Anatta - Es existiert kein getrenntes Ich und keine ewige Seele. Auch die Dinge und Phänomene sind ohne eigentlichen Wesenskern.

Ob Reiki nun gänzlich spirituell empfangen, wiederentdeckt oder aus verschiedenen Ursprüngen von Usui und seinen Anhängern zusammengestellt wurde, kann aufgrund der mangelnden Dokumentation nur vermutet werden.

Die Geschichte des Reiki ist voller Legenden. Nicht zuletzt deshalb, weil sie für lange Zeit nur in mündlicher Form vom Lehrer an den Schüler weitergegeben wurde. So ergibt sich die Situation, dass, obwohl das Usui System des Reiki erst rund 80 Jahre alt ist, die Anfänge dieser Heilmethode nach wie vor im Dunkeln liegen. Was wir jedoch wissen ist, in welcher Weise Reiki weltweit Verbreitung fand und welche Formen es mit der Zeit angenommen hat.

Im Grunde gibt es zwei große Geschichten, die in Seminaren erzählt werden. Die eine ist die traditionelle Legende, wie sie Frau Takata***** erzählt hat. Die zweite orientiert sich an dem tatsächlichen Gang der Dinge und geht auf die Forschungen von Frank Arjava Petter zurück, der als erster die Legende von Takata geschichtlich nachvollziehen wollte.

***** Hawayo Takata (1900-1980) war eine Reiki-Meisterin und verbreitete diese Lehre in den USA.

Hierbei erkannte er, dass es ein paar Ungenauigkeiten in Takatas Legende gab bzw. nicht nachvollziehbare Fakten. Inzwischen haben sich aber auch weitere Menschen darum bemüht genaueres über die Entwicklung von Reiki heraus zu finden, und auch ihr Wissen fließt in den Beitrag "Die Geschichte von Reiki" ein.

Wir werden hier sowohl die geschichtlich Version, wie auch die Legende von Reiki vorstellen, da auch die Legende durchaus wertvoll ist. Die Legende kann man als Geschichte verstehen, die bestimmte Philosophien oder Denkweisen in einfacher, unterhaltsamer Form an den Schüler weitergeben kann.

Die Legende des Reiki Überbringer Mikao Usui

Usiu System des Reiki - Entstehungslegende einer Heilmethode

Die nachfolgende Erzählung, ist die "Legende" der Wiederentdeckung der universellen Lebensenergie "Reiki". Vielfach wirst du andere, vermeintlich "richtige" Zusammenfassungen in Büchern oder auf anderen Webseiten lesen. Da es unserer Ansicht nach keine 100%ig eindeutige und nachweislich richtige "Geschichte" gibt, möchten wir auch weiterhin diese "Legende" an dieser Stelle zitieren. Diese Zusammenfassung erhebt keinen Anspruch auf Vollständigkeit und Richtigkeit.

Mikao Usui, der Wiederentdecker von Reiki, wirkte und lebte Ende des 19. Jahrhunderts als Leiter und Priester der kleinen christlichen Doshisha - Universität in Kyoto, Japan.

Während eines sonntäglichen Gottesdienstes wurde er von einem seiner Studenten gefragt, ob er den Inhalt der Bibel wörtlich nimmt, und ob er an die Wunder, mit denen Jesus Kranke heilte, wirklich glaube. Usui bestätigte dies. Der Student antwortete darauf hin, dass er es gerne glauben würde, er es jedoch mit eigenen Augen sehen möchte. Dieser Zweifel einer seiner Studenten änderte Usuis Leben komplett. Er löste sein Arbeitsverhältnis, um mehr Informationen über die Kunst der Heilung zu erhalten. Er reiste in die USA, wo er an der Universität von Chicago christliche Schriften studierte. Er erhielt dabei einen Ehrendoktor für seine Untersuchungen über das Geheimnis der Heilung durch Jesus und seine Apostel. Seine Suche in den alten Schriften blieb jedoch letztlich erfolglos.

Usui erinnerte sich, dass auch Buddha, wie Jesus, die Kraft des Heilens besessen haben soll. Er kehrte nach Japan zurück, um in den buddhistischen Lehren seine Suche fortzusetzen. Er bereiste viele Klöster und studierte die Schriften, wieder lange Zeit ohne Erfolg. Schließlich gelangte er zu einem Zen-Kloster und traf dort einen älteren Abt, der auch an dem Thema der Heilung interessiert war. Er studierte zusammen mit diesem Abt in alten buddhistischen Schriften, den Sutras, nach dem Schlüssel des Heilens. Zuerst studierte er die japanischen Übersetzungen. Nachdem er auch dort nicht hinter das Geheimnis kam, lernte er Chinesisch, fand jedoch auch in den chinesischen Übersetzungen keine Hinweise. Usui gab nicht auf und lernte die alte Sprache Sanskrit, in der die ursprünglichen buddhistischen Schriften geschrieben sind. In einer Schriftrolle eines unbekannten Jüngers des Buddha wurde er schließlich nach über sieben Jahren Suche fündig. Er fand die Formel mit den Symbolen und die Beschreibung, wie Buddha heilte.

Was er entdeckte war das alte Wissen; das bedeutete jedoch nicht, dass er nun auch die Kraft besaß zu heilen, dass er dieses Wissen also anwenden konnte. Auf Rat des Abtes entschied er sich zum Fasten und Meditieren auf einem heiligen Berg in Japan. Er legte 21 Steinchen vor sich auf die Erde, die ihm als Kalender dienen sollten, denn genau 21 Tage wollte er Fasten und Meditieren. Jeden Tag entfernte er ein Steinchen, las in den Sutras, sang und meditierte. Zunächst geschah nichts Ungewöhnliches und er spürte, wie er von Tag zu Tag nur schwächer wurde. Doch am 21. Tag sah er ein helles Licht am Himmel, welches immer schneller auf ihn zukam. Voller Angst wagte er es nicht mehr sich zu bewegen. Vom Licht getroffen wurde er zu Boden geworfen und verlor das Tagesbewusstsein. Er fiel in einen trance-ähnlichen Zustand. In diesem Zustand, dem höheren Bewusstsein nahe, sah er die Symbole, die er schon zuvor in den Sanskrit-Sutras entdeckt hatte, in farbigen Bläschen auf sich zukommen. Sie schienen seine Stirn zu durchdringen und sich in sein Gedächtnis einzubrennen. Dies sollte für ihn der Schlüssel zu den Heilungen von Buddha und Jesus sein.

Als Usui das Bewusstsein wiedererlangte, war es Mittag und die Sonne stand hoch am Himmel. Überrascht stellte er fest, dass er nicht mehr erschöpft und hungrig war, wie in der Nacht zuvor, sondern voller Kraft und Energie. Er eilte den Berg hinab, um dem alten Abt seine Erfahrungen mitzuteilen. Dabei verletzte er sich an seinem großen Zeh. Reflexartig hielt er seine Hand darauf. Die Blutung kam zum Stillstand und der Schmerz verging. Unterwegs kehrte er in einer Herberge ein, um sich zu stärken. Der Wirt bot ihm nur eine kleine Mahlzeit an, da er an der Läge des Bartes sah, dass Usui gefastet hatte, doch dieser bat um ein großes normales Mahl. Die Tochter des Wirtes brachte sein Essen mit verweintem Gesicht und einer dicken roten Backe, da sie starke Zahnschmerzen plagten. Nachdem er um Erlaubnis gefragt hatte, ihr Gesicht zu berühren, legte er seine Hände auf die Wangen des Mädchens. Nur wenige Minuten später ging die Schwellung zurück und die Schmerzen ließen nach. Der Wirt war hoch erfreut über dieses Wunder und erließ Usui die Kosten für die Mahlzeit.

Als Usui ins Zen-Kloster zurückkehrte, wurde ihm mitgeteilt, der Abt würde im Sterben liegen. Usui legte dem Freund seine heilenden Hände auf und die Schmerzen wurden gelindert. Am folgenden Tag verließ der Abt das Sterbelager und war vollkommen geheilt. Nun wusste Usui, dass er die Gabe des Heilens besaß. Usui und der Abt beschlossen, diese Kraft 'Reiki' zu nennen.

Nach einigen Wochen, die er im Kloster verbracht und dem Abt seine Erlebnisse berichtet hatte, beschloss Usui, in die Slums von Kyoto zu gehen und dort die Kranken zu heilen. Um von ihnen akzeptiert zu werden, betätigte er sich dort als Gemüsehändler. Er heilte viele Menschen von ihren Leiden. Alle jungen und starken Menschen, schickte er aus dem Elendsviertel, um sich Arbeit zu suchen. Als sie dann jedoch nach einigen Jahren wiederkamen, um sich erneut von ihm heilen zu lassen, fragte er, warum sie wieder zurückkamen. Er erfuhr, dass sie ihr Leben nicht geändert hatten, da es einfacher war, so weiterzuleben, wie zuvor.

Usui erkannte, dass er den Körper von Krankheitssymptomen heilen konnte, jedoch für eine richtige Heilung auch Geist und Seele der Menschen geheilt werden müssten. Dies veranlasste ihn, die Reiki Lebensregeln aufzustellen. Des Weiteren, entschied er sich, nur noch jenen Menschen zu helfen, die ihn ausdrücklich um seine Hilfe baten und das Geschenk der Heilung achten konnten.

Nach einer Weile verließ Usui das Bettlerviertel und begann all diejenigen zu unterrichten, die bereit waren, auf eine neue und andere Weise leben zu wollen. Er lehrte die Menschen nun neben der Heilung durch Reiki, auch die Lebensregeln, damit auch ihre Denkweise geheilt würde.

Die Erzählung der Legende, endet hier normalerweise mit der Aufzählung der Lebensregeln. Wir möchten den Lebensregeln jedoch eine eigene Seite widmen und haben sie deshalb an dieser Stelle ausgelassen. Alles über die Lebensregeln findest du im Beitrag „Reiki Lebensregeln".

Die Geschichte von Reiki nach Mikao Usui
Usiu System des Reiki - Heilmethode und spiritueller
Weg - Geschichte

Mikao Usui wurde am 15. August 1865 in Taniai,
Japan geboren. In seiner Jugend lernte er in dem
buddhistischen Tendai-Tempel, nahe Kiotos, die
Tradition des Kiko. Ähnlich dem chinesischen Qi-
Gong, besteht Kiko aus Atem-, Bewegungs- und

Meditationsübungen, welche die Energie des Körpers stärken und bewusst anwendbar machen. Nach einigen Jahren der Praxis, kann man die Energie immer besser sammeln und durch Handauflegen weitergeben - allerdings verwendet man hierbei ausschließlich die eigene Energie, was danach oftmals zur eigenen Erschöpfung führt.

Einige Jahre später, bereiste Mikao Usui auch China und Europa, währenddessen er Psychologie, Medizin und Religion studiert haben soll, um sich anschließend einer spirituellen Gruppe namens Rei Jyutu Ka anzuschließen. Es folgte eine Zeit als Sekretär von Shinpei Goto, der die Ressorts Gesundheit und Wohlfahrt in Japan leitete, danach machte er sich als Geschäftsmann selbstständig. Nach einigen erfolgreichen Jahren, verließ ihn 1914 sein geschäftliches Glück, und er besann sich auf seine frühere Wissenssuche und wurde buddhistischer Mönch. Bei einer 21-tägigen Meditation auf dem Berg Kurama im März 1922, erreichte er den Zustand des Satori - eine Art Erleuchtung. Eine Energie, die er als Licht wahrnahm, strömte durch sein Scheitel-Chakra ein, erfüllte ihn, und gleichzeitig wurde ihm ein weitreichendes Wissen darüber zuteil. Mit einem Mal ergaben die Jahre des Studierens und des Suchens einen Sinn und er spürte, dass er endlich eine Energie gefunden hatte, die nicht aus ihm heraus-, sondern durch ihn hindurchströmte, somit weitaus stärker war, als alles, was er sich mühsam durch seine spirituellen Übungen erarbeitet hatte.

Im April 1922 gründete er in Tokio die 'Usui Reiki Ryoho Gakkai' (Gesellschaft für das Heilen durch Usui-Reiki - sie existiert noch heute) und eröffnete eine Klinik in Harajuku, wo er Reiki lehrte und Vorlesungen hielt. 1923 erschütterte ein großes Erdbeben Kanto, bei dem über 140.000 Menschen ihr Leben verloren. Mikao Usui und seine Schüler halfen in dieser Zeit vielen Menschen, wodurch sich Reiki rasch verbreitete, sodass 1925 eine wesentlich größere Klinik in Nakano eröffnet wurde. Anschließend reiste er durch ganz Japan, gab Reiki an mehr als 2000 Schüler weiter und bildete 16 Lehrer aus. Die japanische Regierung ehrte ihn später mit der 'Kun San To'-Auszeichnung für seine Verdienste an seinen Mitmenschen.

Dr. Mikao Usui starb am 9. März 1926 in Fukuyama und ist auf dem Friedhof des Saihoji -Tempels in Tokio begraben. Kurz vor seinem Tod, bestimmte er seinen Freund und engen Mitarbeiter, Herrn Ushida zum Nachfolger. Dieser übernahm den Vorsitz der "Usui Reiki Ryoho Gakkai". Ihm folgten nacheinander die Herren Taketomi, Watanabe, Wanami, Frau Koyama und schließlich der aktuelle Vorsitzende, Herr Kondo.

Herrn Hayashi und Frau Takata, die in der westlichen Welt als Nachfolger von Dr. Usui angesehen wurden, kennt man in Japan kaum. Es scheint so, als ob sich das japanische und das westliche Reiki in zwei Richtungen entwickelt hat. Dies ist auch gut vorstellbar, da Dr. Mikao Usui etwa 2000 Schüler in Reiki ausgebildet hat, wie auf einem für die Öffentlichkeit aufgestellten Gedenkstein zu lesen ist.

Offensichtlich hatte Dr. Usui ein Interesse daran, daß Reiki sich weiterverbreitet. So hat er einem Teil seiner Schüler erlaubt, unter anderem auch Herrn Hayashi, ihre eigenen Schüler auszubilden. Dadurch konnte Reiki nach Hawaii und so schließlich in den Westen gelangen, sich auch innerhalb von Japan in verschiedene Richtungen entwickeln.

Anscheinend wurde Frau Takata von Hayashi nicht zu seiner Nachfolgerin bestimmt. Einer Schülerin von C. Hayashi, Frau Yamaguchi, ist Takata nicht bekannt; Frau Yamaguchi sagte, dass die Ehefrau Herrn Hayashis, seine Nachfolge angetreten habe.
Frau Hawayo Takata als Begründer von Reiki im Westen

Obwohl Frau Hawayo Takata nicht als direkter Nachfolger von Dr. Mikao Usui zu sehen ist, war sie diejenige, die Reiki in die westliche Welt brachte.

Frau Takata wurde am 24. Dezember 1900 auf der hawaiianischen Insel Kauai geboren und arbeitete auf Zuckerrohrplantagen. Sie heiratete einen Buchhalter, der auf einer dieser Plantagen arbeitete und bekam 2 Kinder. Frau Takatas Mann starb 1930. So musste sie ihre Kinder allein großziehen und auf den Zuckerrohrfeldern arbeite, um die Familie durchzubringen.

Die Arbeit war schwer und fünf Jahre später, wurde sie schwer krank. Sie beschloss ihre Eltern in Japan zu besuchen um dort Hilfe für ihre angeschlagene Gesundheit zu finden.

In Dr. Hayashis Reiki Klinik, erhielt sie täglich zwei Reiki Behandlungen und vier Monate später, war sie völlig geheilt. Glücklich über die Genesung, wollte sie auch Reiki erlernen, um ihre Gesundheit erhalten zu können, wenn sie wieder nach Hawaii zurückgehen würde.

Die Reiki Lebensregeln

Reiki Lebensregeln nach Mikao Usui und deren Anwendung

Usui erkannte, dass er den Körper von Krankheitssymptomen heilen konnte, jedoch für eine richtige Heilung auch Geist und Seele der Menschen geheilt werden müssten. Dies veranlasste ihn, die Reiki Lebensregeln aufzustellen.

Die Reiki Lebensregeln nach Dr. Mikao Usui

Ein wichtiger Aspekt von Reiki, ist das Wissen um die Reiki Lebensregeln. Diese Lebensregeln sollen uns als Leitfaden für unseren Weg dienen.

Dr. Usui heilte viele Menschen von ihren Leiden. Alle jungen und starken Menschen, schickte er aus dem Elendsviertel, um sich Arbeit zu suchen. Als sie dann jedoch nach einigen Jahren wiederkamen, um sich erneut von ihm heilen zu lassen, fragte er, warum sie wieder zurückkamen. Er erfuhr, dass sie ihr Leben nicht geändert hatten, da es einfacher war, so weiterzuleben, wie zuvor.

Dies veranlasste ihn, die Reiki Lebensregeln aufzustellen. Des Weiteren entschied er sich, nur noch jenen Menschen zu helfen, die ihn ausdrücklich um seine Hilfe baten und das Geschenk der Heilung achten konnten. Er lehrte die Menschen nun, neben der Heilung durch Reiki, auch die Lebensregeln, damit auch ihre Denkweise und geistige Haltung geheilt würde.

Die folgenden Reiki Lebensregeln wurden von Dr. Usui als Teil der Reiki Ausbildung weitergegeben und dienen als Anleitung für den Alltag, um dem Schüler bewusst zu machen, dass sein aktives Handeln wichtig ist, für eine dauerhafte Heilung.

Alle fünf Lebensregeln geben praktische Anleitungen für ein Leben in Frieden: mit sich selbst, mit anderen und in der Gemeinschaft aller Menschen.

Reiki Lebensregeln
-Kyo dake-wa   *- Gerade heute*
-Okoru-na   *- ärgere dich nicht*
-Shimpai suna   *- sorge dich nicht*
-Kanshi shite - sei mit Dankbarkeit erfüllt
-Go hake me - arbeite ehrlich und hart (an dir selbst)
-Hito ni shinsetsu ni   - sei nett und freundlich zu allen

Es gibt viele leicht voneinander abweichende Variationen dieser Lebensregeln, da sie erst vom Japanischen ins Englische und dann ins Deutsche übersetzt wurden.

Heute wissen wir um die Bedeutung der Wortwahl für unser Unterbewusstsein. Unser Unterbewusstsein kann aus einem gesprochenen „ich ärgere mich nicht" kein „ich bin gelassen und ruhig" bauen. Das Unterbewusstsein kann die Verneinung von negativen Formulierungen nicht erkennen. Die Worte: kein, nicht, ohne... usw. haben keine Macht negative Worte zu entschärfen bzw. diese in positives zu kehren.

Aus diesem Wissen heraus, wurden die Regeln positiv formuliert und zum Teil erweitert, denn das

Unterbewusstsein ist einer der wichtigsten Helfer beim Erreichen von Zielen.

Heute werden also oft positivere Formulierungen für die Reiki Lebensregeln benutzt, wie z.B. folgende:

Gerade heute sei froh und glücklich.
Gerade heute freue dich.
Gerade heute ist für dich gesorgt.
Gerade heute lebe bewusst im Jetzt.
Gerade heute nimm deine Segnungen dankbar an.
Gerade heute verdiene dein Brot ehrlich.
Gerade heute liebe deinen Nächsten, wie dich selbst.
Gerade heute sei dankbar für alles uns liebevoll zu allen Lebewesen.

Weiters wissen wir, dass ICH -bezogene Aussagen, die größte Wirkung auf uns und unser Unterbewusstsein haben. Da wir die oben schon positiv formulierten Lebensregeln für uns nutzen wollen und uns diese hierfür Einprägen müssen, würden sich folgende Formulierungen der Lebensregeln als optimal erweisen:

Gerade heute bin ich froh und glücklich.
Gerade heute freue ich mich.
Gerade heute ist für mich gesorgt.
Gerade heute lebe ich bewusst im Jetzt.
Gerade heute nehme ich meine Segnungen dankbar an.
Gerade heute verdiene ich mein Brot ehrlich.

Gerade heute liebe ich meine Nächsten, wie mich selbst.

Gerade heute bin ich dankbar für alles und bin liebevoll zu allen Lebewesen.

Das Entscheidende an den Reiki Lebensregeln, ist die Betonung des "Gerade heute", das man auch durch "gerade jetzt" ersetzen kann. Denn in jedem Augenblick haben wir die Wahl und Möglichkeit, uns frei zu entscheiden, wie wir leben wollen und welche Konsequenzen unser Handeln, Denken und Sprechen für uns haben wird.

Wir können uns ärgern, oder es lassen. Wir können uns sorgen, oder die Zukunft loslassen. Wir können lügen, stehlen und betrügen, oder ehrlich und integer sein. Wir können im Nächsten uns selbst und unsere eigenen Schwächen sehen, oder ihn als getrennt betrachten. Jeder Moment trägt mit dazu bei, wie sich unser Lebensweg und unsere Gesundheit gestalten.

Diese kleinen Weisheiten, die diese Lebensregeln beinhalten, können jedem das Leben angenehmer machen, also wer möchte, nutze sie. Seien wir uns bewusst, dass wir gestalten, mitgestalten, erschaffen und herbeirufen, was uns begegnet.

Die Reiki Lebensregeln gelten als Leitsätze für den Reiki Praktizierenden. Sie unterstützen den Heilungsprozess auf der mentalen Ebene. Dr. Usui bezeichnete die Lebensregeln als "spirituelle Medizin".

Reiki erlernen. Die Grade des Usui Reiki System Traditionell gibt es im Reiki drei Grade, erfahre hier mehr über diese!

Die Reiki Energie ist immer vorhanden. Deshalb braucht sie grundsätzlich nicht gelehrt zu werden. Jedes Lebewesen hat von Natur aus das Potential für den Zugang zu Reiki. Der Reiki Lehrer stellt sich in den sogenannten Einweihungen zur Verfügung, um den Reiki Kanal für einen höheren Durchfluss von Reiki zu reinigen.

Reiki basiert auf Energieübertragungen ähnlich dem Kriya-Yoga, sogenannten Einstimmungen oder Initiationen. Durch die Einstimmungen (auch oft Einweihungen genannt), soll der in jedem Menschen natürlich vorhandene Reiki Kanal von Blockaden gereinigt und somit die Möglichkeit geschaffen werden, Reiki durch die Hände weiterzugeben. Mit Ausnahme der Meisterausbildung, werden die verschiedenen Reiki Grade gewöhnlich in Wochenendseminaren unterrichtet.

Das Usui Reiki System, ist in mehrere Grade unterteilt. Jeder Reiki Grad ist in sich komplett. Somit hat der Schüler schon nach dem ersten Grad die Möglichkeit, effektiv Reiki für sich und andere anzuwenden.

Traditionell gibt es im Reiki drei Grade, die nachfolgend beschrieben werden. Mittlerweile haben sich allerdings auch Schulen entwickelt, die diese weiter aufgeteilt oder mit anderen Systemen vermischt haben. Bei Abänderungen des Systems kann man möglicherweise nicht mehr von Reiki sprechen. Usui selbst hat sein Reiki System als in sich geschlossen und vollständig bezeichnet.